Versos de Cristal

Cubierta y diseño editorial: Éride, Diseño Gráfico

Primera edición: octubre, 2025

Versos de Cristal
© José María Valderrama Vega
© éride ediciones, 2025
Espronceda, 5
28003 Madrid

eride ediciones

ISBN: 979-13-87643-53-9
Depósito Legal: M-18385-2025

 Este libro protege el entorno

Versos de Cristal

José María Valderrama Vega

éride ediciones

José María
Valderrama
Vega

José María Valderrama Vega

Nacido el 29 de abril de 1953 en
Torredelcampo (Jaén)

Licenciado en Derecho por la Universidad de
Granada.
Secretario de Administración Local
(actualmente jubilado), miembro de derecho
de la Sociedad General de Autores de España y
amante del arte flamenco.

En mi haber, la publicación de cinco libros,
titulados *Más cerca de la verdad*, editado por
el Excmo. Ayuntamiento de Torredelcampo,
Palabra de amor, editado por el Ilustre Colegio
de Enfermería de Jaén, *Contando mentiras
y con penas ni gloria, Mujeres*, editados por el
propio autor, y *Pétalos de niebla*, publicado
por la Editorial Éride.

Dedicado a todas
aquellas personas que
tengan la generosidad
de leerme,
con todo mi cariño.

José María Valderrama Vega

Dedicado a todas
aquellas personas que
tengan la generosidad
de leerme,
con todo mi cariño.

José María Valderrama Vega

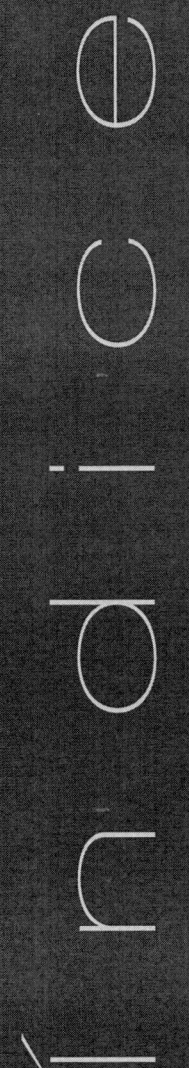

índice

SEGUNDA PARTE

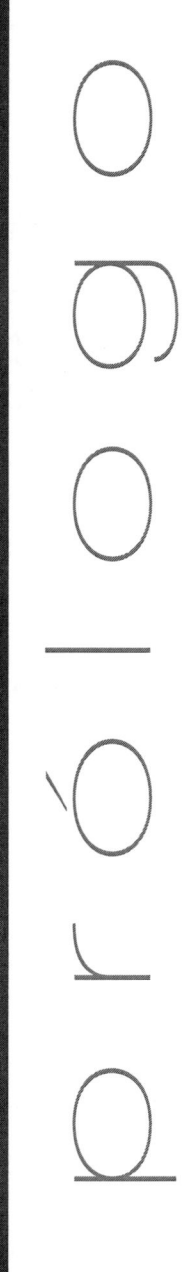

prólogo

Yo nací en un veintinueve
del año cincuenta y tres
y en abril, el cuarto mes,
cuando dicen que más llueve.

Empecé a vivir mi infancia
en el tiempo que te digo
y empecé a vivir conmigo,
sin ninguna discrepancia.

De pequeño me gustaban
los *filmes* americanos,
con sus buenos y villanos
por los tiros que pegaban.

Aunque mis predilecciones
estaban con los vaqueros
y los indios mescaleros,
que molaban a montones.

Las películas de historia,
de romanos y de griegos
recibían mis apegos
de la forma más notoria.

Con ellos me convertía
en uno de ellos cualquiera
con mi espada de madera
y las flechas que me hacía.

Ahora ya, con muchos años,
no te creas que he perdido
mi afición, que ha resistido
tras de tantos cumpleaños.

Siento pena de verdad
al ver que mis heroínas
se murieron repentinas
o por causas de la edad.

Igual que de esos valientes
ya no existe casi alguno
y no me queda ninguno
armado hasta los dientes.

Cuando llego hasta el final
de películas que vi
en mi infancia digo sí:
me siguen gustando igual.

Ellos siguen como tales
en la trama y argumento,
siendo yo quien no me siento
estar bien ni en mis cabales.

Porque me siguen gustando
esas cosas que de niño
me chiflaban y me riño
por querer seguir jugando.

A lomo de sus monturas
tiran lanzas, pegan tiros,
mientras yo suelto suspiros,
sin hazañas ni bravuras.

Y llego a la conclusión,
cuando en mis canas me centro,
que aún me queda la ilusión
del niño que llevo dentro.

José María Valderrama 11/12/2024.

PRIMERA
Parte

Chiquita

En la puerta de aquel bar
aquella chiquita fue
arrobo de mi arrobar.

Es joven, como flor, y tan lozana
que viene derrochando lozanía
y no presume más porque sería
ramito que llevar de mejorana.

Ya ves, una pintura, porcelana
bañada en una luz de platería,
luciendo al cielo azul con la alegría
de todo el que la mira sin desgana.

Velázquez no la quiso por temprana
pintar, porque pensó que pintaría
el fuego celestial de la mañana.

Yo no la toco, no, pues supondría
robarle al mismo sol la filigrana
que hace amanecer un nuevo día.

José María Valderrama 13/12/2024

Verano amargoso

Recuerdos de aquel verano:
una sonrisa sin labios,
una caricia sin mano.

Amargo corazón de mi amargura,
silencio que derramas silencioso
recuerdos de un verano tormentoso
que trajo, sin embargo, tu dulzura.

Aquella que enturbiara mi cordura,
dolencia de un veneno venenoso,
es fuente de un venero caudaloso
que casi me llevó a la sepultura.

Quedarme sin tu amor fue mi tortura.
Dejarte sin mi amor fue doloroso.
No verte ya jamás, mi desventura.

Lo mismo que un torrente borrascoso
se fue el verano aquel de mi locura,
llegó un otoño triste y amargoso.

José María Valderrama 15/12/2024

Ese no sé qué

Es difícil percibirlo,
pero te noto distinta
y no sé cómo escribirlo.

Es posible que ya no sientas nada,
aunque diga que no tu amor galante,
pero te noto lejos y distante,
muy distinta a la otra apasionada.

Ya no eres la misma que enamorada
me daba el corazón tan palpitante,
aquella que me quiso como amante
en una tierna y dulce madrugada.

Percibo dejadez ocasionada
por una sensación quizás frustrante
de mucha frustración quizás frustrada.

Es como un no sé qué puñal punzante
que casi sin querer da puñalada
y casi sin herir te ves sangrante.

José María Valderrama 16/12/2024

Eres guapa

No puede existir ninguna
con esa cara tan linda,
donde se mira la luna.

Eres guapa te pongas como quieras,
no existe más allá de tu lindeza
y siento de los pies a la cabeza
quererte hasta el día que te mueras.

Eres guapa, si bien no lo supieras
lo explico nuevamente, tu belleza
no puede superarse con majeza
si no viene del cielo y sus esferas.

Eres guapa, no sé ni a lo que esperas
para verte de guapa sin tibieza,
y eres guapa de todas las maneras.

Eres guapa y con tanta gentileza
que te hace tan guapa que pudieras
robarle a la guapura su guapeza.

José María Valderrama 19/12/2024

Sin cortesía

En el amor no me siento
culpable de lo que hago:
en el amor me consiento.

Es poco de cortés que yo pretenda
valerme de una fácil simpatía
para lograr de ti lo que sería
aquello que el doctor me recomienda.

Es poco de cortés que yo me encienda
sabiendo como sé, señora mía,
que no quieres tener más alegría
que el hombre que te tiene como ofrenda.

Es poco de cortés que yo descienda
a toda mi bajeza y villanía
y haga que tu amor no se defienda.

Es poco de cortés, sin cortesía,
que te siga acosando, aunque ofenda,
con tal de conseguirte por un día.

José María Valderrama 20/12/2024.

Sin maquillar

Ni siquiera el maquillaje
enturbiaba sus mejillas,
que mostraban su paisaje.

Existen las mujeres deslumbrantes
que tocan tu interés casi enseguida,
y piensas cómo puede ser parida
con formas tan perfectas e inquietantes.

No miran para nada, son distantes
lo mismo que una estrella diluida
y saben que no pasa inadvertida
su imagen de contornos rebosantes.

Morena, sus cabellos ondulantes,
y con porte que tiene esa medida
de todas las medidas impactantes.

Su cara no maquilla, porque cuida
que veas sus tersuras semejantes
a toda la hermosura concebida.

José María Valderrama 23/12/2024.

Abriles

Tú puedes hablar de abriles
porque en abril has nacido
y das las flores por miles.

Abril, que se aproxima, da las flores
y por cada año abril es más florido,
lo que da fundamento y buen sentido
que tengas por abril tú más dulzores.

Abril es quien te viste de primores
y tienes con abril comprometido
un porte que acrecienta sin descuido
en cada abril que pasa y atesores.

Abril es quien te hace que mejores
con lo que tiene abril de presumido,
haciendo que de abriles te decores.

Y abril es quien me da mi merecido,
logrando por abril que me enamores
con otro lindo abril que has cumplido.

José María Valderrama 25/12/2024

Por novedosa

Es con la imaginación
con lo que mejor se llega
a saber de tentación.

Me atraes mucho más por novedosa
que por tus atributos sin piedades,
pues siempre gustan más las novedades,
sin pena de que seas tan hermosa.

Me gustas porque pienso deleitosa
mi gana en destapar curiosidades,
por esa la maldad de las maldades
de ver el interior de cualquier cosa.

Me encantas, sin dejar de ser preciosa,
por eso de que das fastuosidades
a la interrogación más misteriosa.

Me excitas porque tienes cantidades
de pétalo a quitar, como una rosa
que oculta la mayor de sus beldades.

José María Valderrama 26/12/2024

Perfumes

Son perfumes de un recuerdo
que contiene mi memoria,
cuando en el tiempo me pierdo.

Son perfumes que huelen a pasado
aquellos que me afectan los sentidos,
recuerdos que se quedan detenidos
en medio de un suspiro delicado.

Perfumes que por siempre he callado
para que no me fueran sorprendidos
por otros que no fueron tan queridos,
habiendo, sin embargo, perfumado.

Perfumes de ese cuerpo que adorado
dejara por mi piel casi encendidos
luceros que jamás se han apagado.

Perfumes que me embriagan los olvidos
de tiempos en que estuve enamorado,
¡perfumes con tu nombre y apellidos!

José María Valderrama 30/12/2024

Sincero

Tiene la sinceridad
un sentido peligroso,
si se dice la verdad.

A veces ser sincero es una apuesta
que puede resultar intimidante,
porque puede llevar de lo elegante
a la proposición más deshonesta.

Si la sinceridad se manifiesta
con todo lo que tiene de arrogante,
pudiera rebasar el buen talante
y dar con la conducta más opuesta.

Si digo que estás rica por respuesta
pudiera recibir una inquietante
mirada de tu cara descompuesta.

Así que ser sincero en adelante
será para cuestión que no molesta
y no para palabras de un tunante.

José María Valderrama 31/12/2024

No te enfades

Cada vez que te me enfadas
suenan los truenos del cielo
y en la mar sus marejadas.

No te enfades, mi amor, no te me enfades
ni dejes tus morritos disparados,
que tienen su peligro de enfadados
y no quieren saber de caridades.

Empiezas por coger velocidades
de nervios y reproches destrenzados
y acabas por dejar bien acabados
desquicios que desprecian las bondades.

No entiendo que dos lindas brevedades
me dejen mis aguantes derrotados
y con el corazón en orfandades.

No te enfades, mi amor, deja callados
dos labios que lo son por cualidades
no más que para besos apropiados.

José María Valderrama 01/01/2025

Dos caras

Son dos caras de mujer
en una misma persona
las que tú sueles tener.

La luna solo enseña media cara,
lo mismo que tú muestras la brillante,
dejando el lado oscuro más menguante
oculto de la gente que mirara.

No quiere que se sepa que ocultara
lo que jamás da luz ni es rutilante,
igual que tú me escondes lo bastante
que tienes de ocultar y no ignorara.

Pretendes que jamás se adivinara
que puedes relucir como el diamante
y ser negro carbón lo que primara.

Dos caras diferentes de una amante:
aquella que de amor me iluminara
y aquella que me engaña a cada instante.

José María Valderrama 05/01/2025.

Qué más da

Que no seas la primera
nada importa si coincide
con la última que hubiera.

Qué más da si no fueras la primera
mujer que se me achaque conocida,
cuando lo único bueno es la medida
en que yo te respete y que te quiera.

Qué más da la caricia pasajera,
que se borra de pronto y enseguida,
si lo más importante es que coincida
tu amor con ese último que hubiera.

Qué más da lo que tuve, que tuviera
si no tiene presencia, pues se olvida
sin dejar una huella tan siquiera.

Qué más da, mientras tanto no reincida,
si te pongo delante de cualquiera
como mi único amor en esta vida.

José María Valderrama 12/01/2025

En defensa propia

Solo te puedo querer
en legítima defensa,
por quererme defender.

Te quiero en mi legítima defensa
sabiendo, corazón, cuánto me quieres,
que nadie es más que yo, que me prefieres
a toda y a cualquiera recompensa.

Te quiero por saberte tan propensa
a darme ese cariño que me dieres,
igual que si tu vida la ofrecieres
quedándote sin nada e indefensa.

Te quiero porque siento que es ofensa
no darte tanto amor que merecieres
a cambio de ese tuyo que ni piensa.

Te quiero por saber que respondieres
con un querer que solo lo dispensa
la más hermosa flor de las mujeres.

José María Valderrama 14/01/2025

Discreto

Lo que yo pueda querer
para mí solo se queda,
sin jamás comprometer.

Tú sabes lo que quiero de manera
que bien puedo callar y ser discreto
y no decirte más, guardar secreto
para que me lo des sin que pidiera.

Tú sabes lo que quiero y lo prefiera
a cuantas cosas tengo, por objeto
de que me vea lleno y más completo,
teniendo lo que no tiene cualquiera.

Tú sabes lo que quiero y lo dijera
si no fuera al decirlo un indiscreto,
que no cierra la boca así se muera.

Tú sabes lo que quiero y te respeto
en tanto grado que por más lo quiera
jamás te lo escribiera en un soneto.

José María Valderrama 17/01/2025

Causa y razón

No tiene ningún sentido
que declamen los poetas
si no hayas tú nacido.

Si acabo mis sonetos los olvido
y no me sé su nombre ni siquiera
y son alguno más, uno cualquiera,
que incluso ya lo haya repetido.

No importa lo que dice ni acaecido
y nada se me importa que no fuera
saber que eres su causa, la primera,
de todo su argumento y contenido.

Tan solo por tu amor lo he parido
y si no existes tú yo no escribiera
ni el arte de escribir fuera admitido.

Así que sin tu amor jamás naciera
mi verso, porque no tiene sentido
gritar qué bella flor sin primavera.

José María Valderrama 18/01/2025

Solterona

Anclada en la soltería,
una bella solterona
de cabeza me traía.

Es por gusto de ver que tu pureza,
que guardas con pudor y con recato,
la puedo distraer del celibato
que te tiro los tejos con terqueza.

Quizá no correspondas por flaqueza,
del modo que persigo y con que trato,
mas solo de pensar te fuera grato
merece ya la pena tal vileza.

Por eso de que guardas tu belleza
dejándola en tremendo anonimato,
que pierdo yo mi tiempo y la cabeza.

Qué bien debe saber por timorato
un cuerpo que me deja de una pieza,
aunque solo lo ofrezca por un rato.

José María Valderrama 21/01/2025.

Me dejo llevar

Siempre me dejo llevar
por las cosas que yo siento,
porque no suelen fallar.

Confío mucho más en lo que siento
que en todo lo que acata la prudencia
y siento que te siento sin más ciencia
que la que a mí me dicta el sentimiento.

Me siento enloquecer y no te miento
si digo que no opongo resistencia
sintiendo que enloquezco sin decencia,
o dicho de otra forma, sin talento.

No sé qué tienes tú, aunque lo intento,
no sé diferenciar la diferencia
entre lo bueno o malo, como cuento.

Tan solo sé que busco tu presencia
igual que una veleta busca al viento,
y nunca me remuerde la conciencia.

José María Valderrama 26/01/2025

Estoy enamorado

Porque estoy enamorado
no miro mujer alguna
que me pase por el lado.

Estoy enamorado y no lo niego
de la mujer más bella de este mundo
y tengo un sentimiento tan rotundo
que cualquiera dirá que vivo ciego.

Estoy enamorado y lo restriego
a quien quiera pararse algún segundo
de una mujer tan bella que confundo
si soy hielo seco o puro fuego.

Estoy enamorado y me doblego,
pues tanta es su belleza que me inundo
de encanto, que no dejo para luego.

Estoy enamorado y tan profundo,
que todo lo que fui de mujeriego
ya es solo algún recuerdo vagabundo.

José María Valderrama 30/01/2025

Más hermosa

*Cuando de morros te pones
más bonita me pareces
y acrecientas mis pasiones.*

Te pones de los celos por razones
que no te dan razón de estar celosa,
sabiendo que no pienso en otra cosa
que en darte mi cariño y mis pasiones.

No pienses, corazón, no te cuestiones
que pueda ser mi lengua mentirosa,
si digo que tus pétalos de rosa
no tienen para mí comparaciones.

Si algún piropo suelto son dicciones
hechas para cumplir y no la prosa
con que te cuento a ti mis tentaciones.

No te pongas de morros, que furiosa
me puedes provocar provocaciones,
por verte, furibunda, ¡más hermosa!

José María Valderrama 05/02/2025

Todas lo son

Las mujeres son las piezas
de ese puzle de la vida,
al que llenan de lindezas.

Las mujeres por únicas son piezas
distintas de ese puzle que convida
a que llenes un hueco en la medida
que puedan procurarte sus ternezas.

El hueco de la madre con firmezas
y el propio de la esposa que te cuida,
y son esas hermanas donde anida
ternura que está llena de noblezas.

Amigas de un cariño en gentilezas,
que no exigen jamás contrapartida
y ocultan lo que tienes de torpezas.

Actrices de una noche enloquecida
y rosas de pasión que por lindezas
no la puedes comprar ni con tu vida.

José María Valderrama 08/02/2025

Dormilona

Sin que tú le des permiso
no amanece un nuevo día,
que se queja de indeciso.

Despierta en una hora tan tardía
mi amor, que al propio sueño desorienta,
y no se me percata, se da cuenta
que sin su despertar es noche fría.

Así decía yo y así decía
que estaba el cielo opaco, de tormenta,
y es que mi bella flor por soñolienta
al claro amanecer lo entretenía.

Ahora que está despierta bien podría
adelantarse el sol para que sienta
que son casi las doce, mediodía.

Y es que mi dulce amor no está contenta
si el alba celestial anuncia el día,
sin que su despertar se lo consienta.

José María Valderrama 12/02/2025

42

No puedo hacerlo

Si no te puedo arrancar
de mi pobre pensamiento
es porque debes de estar.

Por mucho que quisiera no quererte,
de qué me serviría si no olvido
que eres parte de mí, como un latido
que late por sentir pertenecerte.

Por mucho que quisiera no tenerte,
de qué me serviría si convido
a toda mi lujuria a dar sentido
a toda esa lujuria que pervierte.

Por mucho que quisiera aborrecerte,
de qué me serviría si no cuido
más que de darte amor y merecerte.

Por mucho que quisiera ser ruido,
de qué me serviría si con verte
me quedo en su suspiro, un gemido.

José María Valderrama 18/02/2025

Aquel aroma

Por seguir aquel perfume,
se sintió tan asustada
como lógico se asume.

Siguiendo aquel perfume femenino
en una tarde triste y desolada,
se halla una mujer que perfumada
me hace proseguir por su camino.

Sin mucho qué hacer pienso con tino
tampoco perderás nada de nada
si vas tras de una rosa que aromada
incita a tu sentido masculino.

De pronto y con un gesto repentino
se vuelve, pues se siente violentada,
pensando en un intento libertino.

Le puedo ver su rostro, qué monada,
y sigo caminando sin destino,
en tanto ella respira más calmada.

José María Valderrama 23/02/2025

Dos besos y medio

Con dos besos yo te quiero,
y el otro medio me sirve
para que venga un tercero.

Dos besos y otro medio te daría,
y tú preguntarás de qué manera
se pudiera besar mujer cualquiera
con ese medio beso en medianía.

Con dos besos de amor te besaría
para que no lo dudes tan siquiera,
y el otro medio beso me valiera
para quedar con ganas, vida mía.

Si sigues preguntando aclararía
las ganas que te digo y me refiera
a ganas de besar más todavía.

Porque ese medio beso me sirviera
para seguir besando todo el día
los besos que tu boca me pidiera.

José María Valderrama 24/02/2025

Muy vestida, muy desnuda

Bien desnuda o bien vestida
te lo puedo asegurar
no pasar inadvertida.

Lo pudiera decir de mil maneras
y no fuera ninguna la adecuada,
que la mujer más bella y deseada
es la que viste bien sus primaveras.

Existe la excepción, si la pidieras,
estar completamente desnudada
para saber de forma más templada
las gracias y atributos que tuvieras.

Si estás muy vestida, relucieras,
si estás muy desnuda, codiciada
y guapa de la forma que estuvieras.

Así que bien vestida o destapada
es como mejor lucen tus afueras,
porque del interior no opino nada.

José María Valderrama 26/02/2025

Caricias inocentes

No me gusta la inocencia
sino amores desatados,
que te dan correspondencia.

No existen las caricias de inocencia
por la sensualidad que predomina,
lo mismo que una mano que asesina
no puede ser llamada de clemencia.

Los besos que me das sin resistencia
y abrazos que tu pecho me destina
son de una cualidad tan femenina,
que llenan de placer y complacencia.

No quiero de la Santa Providencia
amor que sabe a puro y se adivina
que no te manchará con su indecencia.

Prefiero una impudicia que culmina
en brazos de otra más, en consecuencia
detrás de una pasión que no termina.

José María Valderrama 27/02/2025

No te miro

No debiera de mirar
porque la boca se calla,
pero los ojos ni hablar.

No debo de mirarte demasiado,
pues puedes conocer mis intenciones,
por ojos que resultan tan mirones
que siempre están mirando el mismo lado.

Si miro por arriba o de costado
te miro esos perfiles resultones,
que casi se te saltan a montones
por culpa de un botón desabrochado.

Si miro por abajo he mirado
dos piernas que parecen dos filones
de gracias, de lindezas, de pecado.

Si miro por detrás son atracciones
de ver lo que cualquier desvergonzado
te mira por quitar respiraciones.

José María Valderrama 28/02/2025

De nada sirve

Por mil veces que lo intente
mi corazón no adorarte,
por mil veces se arrepiente.

¿De qué sirve que vuele con la mente
si tengo el corazón tan prisionero
que por mucho que guste lo que espero
lo debo desechar rápidamente?

¿De qué sirve que piense consecuente
si tengo el corazón tan traicionero
que por mucho que habla no me entero
y caigo entre tus redes nuevamente?

¿De qué sirve que siembre otra simiente
si tengo el corazón tan puñetero
que no me deja amar ni que lo intente?

¿De qué sirve que diga no te quiero
si solo en un segundo solamente
me debo retractar porque me muero?

José María Valderrama 30/02/2025

Un recuerdo

No quisiera recordarte,
pero por más que lo intento
tampoco puedo olvidarte.

Un recuerdo es el soplo de ese viento
que alivia tu memoria si se empaña
y limpia de entramada telaraña
la bola de cristal del pensamiento.

Un recuerdo es la huella de un momento,
de todo lo que alegra o que te daña,
y un recuerdo te moja la pestaña
cuando llora de amor tu sentimiento.

Un recuerdo recuerda aquel lo siento,
y un recuerdo es el vino que restaña
y sana con dulzor cualquier tormento.

Un recuerdo es tu cara y me acompaña
en este mismo sitio en que lo cuento,
lo mismo que si esté fuera de España.

José María Valderrama 02/03/2025

Mi pobre corazón

Es mi pobre corazón
quien sabe lo que te quiero,
quien conoce mi ilusión.

Mi pobre corazón es el bolsillo
donde guardo tu amor tan importante
y si late tu nombre, principiante,
se viste de encarnado y amarillo.

Mi pobre corazón es el hatillo
que envuelve mi ilusión predominante
de darte tanto amor del elegante,
que nunca te parezca que es sencillo.

Mi pobre corazón es el lebrillo
donde lava tus pies mi amor galante,
en tanto que me inclino y me arrodillo.

Mi pobre corazón es un diamante
y no refleja más que el dulce brillo
que mana de la luz de tu semblante.

José María Valderrama 04/03/2025

Te deseo lo mejor

Por esa felicidad
que yo tanto te deseo
me quedaré en amistad.

Deseo para ti las cosas buenas,
aquellas que te puede dar la vida:
esa tierna caricia que encendida
te llene con su miel a manos llenas.

Deseo para ti noches amenas
y días que te den la bienvenida,
de modo que te sientas recorrida
por lirios y gladiolos y azucenas.

Deseo para ti no tener penas
y que el peor mal rato y su medida
no pase de pasiones por docenas.

Deseo para ti ser tan querida,
que me puedas decir no tengo apenas
ni tiempo para ser tu prometida.

José María Valderrama 05/03/2025

Tal como eres

Yo te acepto como tal,
con tus cosas buenas, malas,
al completo y por total.

Yo te acepto, mi vida, tal como eres,
con tus cosas mejores, menos buenas,
y te acepto completa sin que apenas
tus defectos me importen que tuvieres.

No te pongo una pega, si prefieres
yo te acepto alegrías con tus penas,
si me llevas la contra o son amenas
las palabras con que me recibieres.

No pretendo cambiarte ni te esmeres
en mudarte a ti misma, porque suenas
de una forma distinta a la que quieres.

Yo te acepto, mi amor, porque serenas
como solo lo hacen las mujeres
el amor que me corre por las venas.

José María Valderrama 15/03/2025

Así se mide

La pasión puede medirse
por lo largo y por lo ancho
con que suele repetirse.

La pasión ser medida no pudiera
por decir es pasión lo que yo siento,
pues sentir es tan solo un sentimiento
no común para todos y cualquiera.

No es posible medirla tan siquiera
con los dones que da el conocimiento,
pues pensarla resulta atrevimiento
monocorde a lo osado que se fuera.

Tampoco se calcula ni midiera
la pasión que resulta ofrecimiento,
si después de pasión se desistiera.

La pasión se mensura en el momento
que tu cuerpo, dulzura, me la diera
y en las veces que quedo sin aliento.

José María Valderrama 16/03/2025

Lo mismo que el viento

Te gusta la libertad
y yo no puedo tenerte
movida a mi voluntad.

Te haré sonreír a todas las horas
y te extrañaré con cada momento,
mi espacio serás en el pensamiento
y no te sabrás amada a deshoras.

Así quiero ser, pues sé que lo añoras
y amor te daré de mi sentimiento
en tanta porción que sientas mi aliento
tan dentro de ti que te me acaloras.

Así quiero ser, de quien te enamoras,
hacerte feliz sin decir lo siento
cuando quieras tú llenarte de auroras.

No sé si podré, al menos lo intento,
depende de ti que en tanto valoras
ser libre y volar lo mismo que el viento.

José María Valderrama 26/05/2025

Ni en sueños

Ni tan siquiera soñando
puedo sentir tu cariño
con el mío pernoctando.

Anoche he soñado nuevamente
con cosas que no tienen ni sentido,
pero viendo tu cara he podido
saber que te recuerdo amargamente.

Historia que no tiene de aliciente
más que lo que te dejo referido,
que no siendo mi sueño precavido
volvía a ver tu rostro indiferente.

Despierto tan de pronto y de repente
que puedo precisar lo que dormido
he visto con la luz del inconsciente.

Ni en sueños tan siquiera he tenido
la suerte de sentir tu amor presente,
ni en medio de la noche ser querido.

José María Valderrama 20/03/2025

56

Tan lejos, tan cerca (para Clara)

Como te lo prometí
ahí te mando este soneto
como un presente de mí.

Tan lejos yo de ti como me siento
y solo algún suspiro nos separa,
pues puedo con la mente ver tu cara
y mi respiración beber tu aliento.

Solo cerrar mis ojos, no lo invento,
puedo ver tu contorno y se dispara
la bala de mis besos que impactara
en medio de tu boca, que es de cuento.

Apenas que te pienso sigo atento
por ver si con mi abrazo te abarcara
y te diera pasión mi pensamiento.

Tan cerca yo de ti que no me es rara
la rosa de tu olor y no la tiento
por miedo a que mi amor la deshojara.

José María Valderrama 29/05/2025

Sin arrugas

Un trocito de dulzura
no puede ser arrugado
por el tiempo, ¡qué locura!

Tú no tienes arrugas meramente,
porque das tu querer y eres querida
y la que vive así nunca es mordida
por el surco que va tras de la frente.

A tu faz le será que indiferente
si el tiempo quiera verla desteñida,
pues tanto amor que tienes ya se cuida
que nada te la manche ni lo intente.

Un siglo no es bastante y suficiente
para dejar su marca, su herida
sobre algo que da luz y es reluciente.

Jamás tendrás arrugas ni la vida
podrá poner su mano torpemente
en cara que es la gracia permitida.

José María Valderrama 27/03/2025

No te importe caer

Yo siempre estaré a tu lado
en los momentos de dicha
y en aquel más complicado.

No te importe caer, yo te levanto,
porque siempre estarás bajo mi abrigo
y cuidaré de ti como ese amigo
que te da protección a cal y canto.

De cualquier resbalón o solivianto
yo te levantaré sin más castigo
que mi amor que estará siempre contigo
en momento feliz y si no es tanto.

Jamás te sentirás sola, por cuanto
allí me encontrarás, como te digo,
para hacerte reír, limpiar tu llanto.

No te importe caer, yo no te obligo
a ser la perfección porque lo santo
no se puede imponer ni va conmigo.

José María Valderrama 05/04/2025

Camas separadas

Son las camas separadas
un invento que parece
de personas disgustadas.

Si yaces en tu cama y yo en la mía
y son distintas camas, diferentes,
algo no marcha bien ni son corrientes
que muestren nuestras caras alegría.

Algo hacemos mal, no lo diría
de no haber pasiones suficientes,
pero siendo de fuego por candentes
no sé por qué pasar la noche fría.

Teniendo tentaciones contendientes
con que seguro yo no me aburría,
no entiendo castidades tan fervientes.

Te puedo asegurar que dormiría
armado de pasión hasta los dientes
y en guerra que jamás se acabaría.

José María Valderrama 15/04/2025

Vestir de trapillo

De nada sirve olvidar
si vives con un recuerdo
que no se puede borrar.

Te quise olvidar en tan gran manera
que puse mi amor en otro bolsillo,
pero resultó que no era sencillo
dejarte de amar con otra cualquiera.

No quise entender, pensar ni siquiera
que nunca jamás se pasa el platillo
para que te den monedas sin brillo,
que es como decir amor que no quiera.

Pensando yo en ti, mi casa primera,
no supe cruzar siquiera el pasillo
de aquella ocasión que vino de fuera.

Es como comprar en el baratillo
y ver que ese ahorrar de nada sirviera,
pues siempre será vestir de trapillo.

José María Valderrama 26/04/2025

Si no fuera amor

Fuera amor o corrupción,
tan solo puedo decir
que me ardía el corazón.

Si no fuera amor quizás vicio fuera
aquella pasión que me enloquecía,
porque sin querer yo siempre volvía
sin que ella jamás ni me lo pidiera.

Si no fuera amor lo que yo sintiera,
tal vez corrupción o lacra la mía,
porque aborrecer su amor no podía
ni desperdiciar nada que me diera.

Si no fuera amor bien se pareciera
a depravación, pues de noche y día
venía a por más de lo que tuviera.

Si no fuera amor no sé qué sería,
mas puedo jurar que nunca quisiera
como a esa mujer sentí que quería.

José María Valderrama 29/04/2025

Cuando surja

Pierde todo su aliciente
el amor que se planea
y no surge de repente.

Momento mejor no tiene la vida
que no planear amor que se avisa,
porque para amar jamás se precisa
sino que decir ya voy enseguida.

Sin planificar su exacta medida
te quema mejor la llama indecisa,
después de asentir con una sonrisa
a la tentación, que late encendida.

Es malo trazar pasión concebida
como algo normal y que se divisa
a dos años luz de ser prometida.

Es mucho mejor, no yendo con prisa,
hacer el amor sin verse agredida
la dulce ilusión de que se improvisa.

José María Valderrama 30/04/2025

Le dejo saber

Esa hechura no es normal
sino más propia de un ángel,
de algún ente celestial.

Le dejo saber que aunque siga siendo
amor de otro amor, del mío lejano,
me gusta a rabiar su cuerpo serrano,
de no mejorar mil veces naciendo.

Le dejo saber que aún sigo diciendo
que yo por usted pondría la mano
si no es la mujer de un cuerpo lozano
más guapa y puntal que haya viviendo.

Le dejo saber que no lo comprendo
como un cuerpo así pueda ser humano
y no angelical, como yo lo entiendo.

Le dejo saber, por ir más al grano,
que vale por diez y al verla me enciendo
lo mismo que el sol enciende al verano.

José María Valderrama 01/05/2025

Solo pasión

Se me importa poca cosa
si una espina se me clava,
mientras huela bien la rosa.

Yo no tengo pasado ni un futuro,
ni asomo de demás remordimientos:
solo tengo presente y sentimientos
de quererte y quererte, te lo juro.

No me importa poseer un lado oscuro
o tener a los ángeles contentos:
solo tengo más ganas de momentos
en que ratos de gozos te procuro.

Me resbala el honrado y el perjuro,
quien es risa o un mar de sufrimientos:
solo tengo ese amor que te aseguro.

No suponen de mucho los conventos,
ni demonios, ni brujas, ni el conjuro:
solo tengo mujer por pensamientos.

José María Valderrama 07/05/2025

Buenas noches

Lo mismo que buenos días,
las buenas noches se dan
como simples tonterías.

Decir buenas noches es de educado,
de aquel que un cariño tiene latente,
aunque buenas noches dice la gente
por ser algo simple y no complicado.

Consuena a palabra, gesto ensayado
que por repetido tilda a corriente,
y tiene esa noche poco aliciente
si pasas las noches roto y cansado.

Dará buenas noches quien no agotado
se pasa la noche como es frecuente
que pase sus noches un desalmado.

Quien da buenas noches por accidente
no sabe las noches que ha dejado
de dar buenas noches como es decente.

José María Valderrama 10/05/2025

Pido mucho

No tengo necesidad
de más lujos que los tuyos,
que son lujos de verdad.

No necesito yo cama mullida
si tengo por colchón el mismo suelo,
siempre que seas tú con quien desvelo
la fiebre de una noche enfebrecida.

No necesito yo luz encendida
si tengo las estrellas de algún cielo,
siempre que seas tú, a quien anhelo,
aquella que a mi lado esté tendida.

No necesito yo hogar ni pida
más fuego que la noche con su celo,
siempre que seas tú la que me anida.

No necesito yo más terciopelo
que el roce de mi cara sorprendida
con hebras de la seda de tu pelo.

José María Valderrama 15/05/2025

Tanto para volar

> Me quedo en cautividad,
> pues me gusta más tu cárcel
> que la libre libertad.

Tanto para volar y cada día
no escapo porque sigo suspirando
la cárcel de tu amor que me va dando
momentos de dulzor y de alegría.

Tanto para volar y no sabría
salir de tu prisión cómo ni cuándo,
por miedo a no poder seguir sumando
momentos de pasión que te decía.

Tanto para volar y no podría
siquiera despegar, considerando
momentos de abrazar que perdería.

Tanto para volar y sigo amando
esa cautividad, que me daría
momentos de seguirte venerando.

José María Valderrama 16/05/2025

Siempre brillarás

Te quisiera regalar
la joya de mis suspiros
y te la puedes gastar.

No me pidas más de que puedo darte
por rico no ser sino en sentimiento
y no poder dar más que mi sustento,
que es oro de amar y plata de amarte.

Te quisiera dar con que agasajarte
y poder lucir con más lucimiento,
pero vale más que cualquier portento
mi joya mejor, que es la de adorarte.

Riquezas no son con que impresionarte
ese dineral de mi arrobamiento,
pero es de verdad, no para adornarte.

No destacarás de enriquecimiento,
pero allí donde estés y en cualquier parte
siempre brillarás del amor que siento.

José María Valderrama 18/05/2025

Así de presumida

Y te gusta presumir
sin que eso te haga falta,
te lo vuelvo a repetir.

Presumes de ti, de tantos primores,
queriendo saber por coquetería
si bien con el sol o la luna fría
te puedes vestir de más resplandores.

Presumes de ti, de tantos dulzores,
para comprobar cómo brillaría
tu cuerpo mejor, si en la noche umbría
o al amanecer, igual que las flores.

Presumes de ti, de tantos fulgores,
para conocer cómo alumbraría
tu belleza aún más, con frío o calores.

Presumes de ti por la tontería
de ver cuándo son tus gracias mejores.
Te responderé, ¡por Dios, todo el día!

José María Valderrama 20/05/2025

En cuanto te vi

En tan solo dos minutos
que yo pude darme cuenta
de tus dulces atributos.

Tan solo te vi, ya supe quién eras
sin necesidad ni de enamorarte,
pues supe también, apenas mirarte,
que tú eras el sol de mis primaveras.

Tan solo te vi, pensé qué maneras
y pude sentir las ganas de darte
amor de verdad, del que se reparte
en una ocasión y no cuantas quieras.

Tan solo te vi, miré tus afueras
porque tu interior, tan solo hablarte,
olía a jazmín y a rosas primeras.

Tan solo te vi, me dije que el arte
estaba ante mí de linda que fueras
y no desprecié minutos de amarte.

José María Valderrama 21/05/2025

No te cuesta

Te ofrecí mi corazón
sin pedirte nada a cambio
y me duele con razón.

Quisiera querer de modo corriente
y no ese de andar contando luceros,
dejando a tus pies mis gozos primeros,
que puedes pisar descuidadamente.

No es bueno tener amor suficiente
para regalar por trozos y enteros,
pues cuando se dan amores sinceros
te suelen tratar más míseramente.

Da miedo querer cuando eres consciente
ser tan especial que guardo en joyeros
locuras por ti de oro reluciente.

Me temo que tú no tengas dineros
con los que pagar cuando uno se siente
querer por los dos sin pegas ni peros.

José María Valderrama 28/05/2025

Quién puede saberlo

Quién puede saber si un día
se me venga a la memoria
lo mucho que te quería.

Quizás algún día, uno cualquiera,
en que me despierte con gesto huraño
recuerde de pronto cómo en antaño
tan solo con verte ya sonriera.

Quién sabe si diga cómo ocurriera,
pues ya no me acuerde cual fue ese daño,
si fuera violencia, si un desengaño
quien me procurara que te perdiera.

Quizás que no sepa si te ofendiera,
tampoco si acaso fui de buen paño
o el tosco tejido de la arpillera.

Quién sabe si un día de cualquier año,
pensado en tu nombre mi voz dijera,
¡ay Dios de los cielos, cómo la extraño!

José María Valderrama 01/06/2025

Por otra ocasión

Por otra oportunidad
yo no sé lo que te diera,
te lo digo de verdad.

Por otra ocasión que se me ofreciera
podría yo dar dedos de una mano,
y en segunda vez no herir de plano
a tanta mujer que hiero en primera.

Por otra ocasión que se repitiera
tratase de ser mejor ser humano,
no darle un dolor que sé de antemano
que tanta mujer no se mereciera.

Por otra ocasión que me permitiera
haría de ver no ser chabacano
con tanta mujer que tengo a mi vera.

Por otra ocasión no cruzo el rellano
de la ingratitud, no dejo a un cualquiera
a tanta mujer que me quiso en vano.

José María Valderrama 04/06/2025

Tres veces

Si me dieran a elegir
varias veces te escogiera
y volviera a repetir.

Si puedo elegir igual que en el cuento
y puedo escoger tres cosas, mereces
poderte pedir por esas tres veces,
que tres veces son amor que yo siento.

Con tal pretensión me quedo contento
y no pido más, pues más son memeces
teniéndote a ti, que le perteneces
a toda esa luz que da el firmamento.

Puede parecer que lo que comento
es de exagerar, que expreso idioteces,
a quien no te vio siquiera un momento.

No puede entender que tú le enardeces
al viento polar su sangre de viento,
pues no siendo sol, bien que lo pareces.

José María Valderrama 05/06/2025

Me gustas y punto

Debes ser tú quien decida
si el amor que te profeso
lo mantengo o se me olvida.

Me gustas y punto, pues complementas
y haces que cobre todo un sentido
con esa apariencia, no es un cumplido,
con que me enloqueces y me atormentas.

Me gustas y punto, porque incrementas
mis ganas de amores, tengo asumido
que como ninguna haya podido
sacar de mi pecho todas sus rentas.

Me gustas y punto, porque me ahuyentas
deseos y afanes de ser querido
por otra cualquiera de entre quinientas.

Después de expresarte lo referido,
me gustas y punto, después me cuentas
si es punto y final o es punto y seguido.

José María Valderrama 10/06/2025

No tienes nombre

Te llamaran como fuera
tú eres verso, no existencia
de la que tiene cualquiera.

Tan solo nacer pensaron en darte
un nombre con que fueras conocida,
para que después de darte la vida
de alguna razón pudieran llamarte.

La equivocación fue considerarte
como alguna más que fuera nacida,
cuando no eres tú de la que se pida
poder concebir mujer ni alumbrarte.

La equivocación fue de equipararte
con otra normal de tanta parida
en lo habitual, que no desde el arte.

Tan solo nacer lo supe enseguida
que te llamas luz, rizo y estandarte
de un verso de amor, su rima y medida.

José María Valderrama 12/06/2025

Tanto me diste

Me desnudaste los miedos
y me diste de ese amor
que se cuenta con los dedos.

Me diste ilusión cuando más sentía
la necesidad de darme al olvido
y no recordar siquiera el sentido
de aquel gran dolor, que tanto dolía.

Me diste un calor que me suponía
volver a empezar tras de lo ocurrido,
después de beber, haberme bebido
un vaso de amor con melancolía.

Me diste valor cuando pretendía
dejarme llevar, quedarme sumido
en la desazón que me consumía.

Me diste ocasión de verme querido
cuando el corazón no me respondía,
ni dejaba oír siquiera un latido.

José María Valderrama 16/06/2025

Totalmente gratis

Si te vienes a vivir
dentro de mi corazón,
ya verás lo que es sentir.

Si quieres vivir dentro de mi pecho,
en mi corazón sin aturdimiento,
con solo querer daré alojamiento
a cuanta ilusión le pongas al hecho.

Te puedes quedar bajo de ese techo
y yo te daré mi agradecimiento
sintiendo por ti y en todo momento
pasión de verdad, lo firmo y lo fecho.

No debes temer, tendrás tu derecho
a poder marchar si quiebra mi aliento
y no sé dejar tu amor satisfecho.

Es como arrendar un apartamento,
de donde jamás verás cómo te echo
ni cobro alquiler por dar sentimiento.

José María Valderrama 17/06/2025

En su justo valor

La perfección imperfecta
te otorga la cualidad
que te hace más correcta.

No quiero perfección, sino tus taras,
que te muestres a mí tal como fueres,
con total realidad, pues las mujeres
no son decoración, hermosas caras.

No me des sensación de que acaparas
la excelencia de ser eso que no eres,
porque la incorreción que me ofrecieres
suena a mucho mejor que imaginaras.

No es defecto ni error lo que ocultaras,
pues te da humanidad, la de esos seres
que en asuntos de amor más desearas.

No es preciso engañar ni que te esmeres
en quitarte un borrón, las cosas claras
dan más precio y valor a lo que quieres.

José María Valderrama 20/06/2025

SEGUNDA
Parte

Tiempo perdido

Un tiempo perdí contigo
que no recuperaré
y sé bien lo que me digo.

Aquel tiempo se me fue
por las ramitas del viento
y también sé su por qué.

Dos segundos de tu aliento,
con eso me conformaba,
pero dijiste lo siento.

Cada vez que te tocaba
la mano que te extendía
de nada se me llenaba.

Quizá me quiera otro día
pensaba, pero al siguiente
me era peor todavía.

No hace falta ser vidente
para ver que yo no obtengo
lo que tiene mucha gente.

Es por eso que mantengo
que tanto tiempo perdido
es lo poquito que tengo.

Todo ese tramo sumido
en la esperanza de un beso,
que no me fue permitido.

No te maldigo por eso,
pues no le digo maldita
a quien tiene mi amor preso.

Con solo ver tu carita
mi genio gana templanza
y la gana se me quita.

Aún me queda la esperanza
de esa boca que acaricia,
aunque sea con tardanza.

Quién tuviera la pericia
de arrancarle algún te quiero
a un pudor de tal pudicia.

No me llames limosnero
por pedirte caridad
con ese abrazo que espero.

Demuestra tener bondad
y dame a probar el fruto
que aguardo con ansiedad.

Que no es de ser disoluto
pedirte tan poca cosa
que cabe en medio minuto.

Para mí quiero esa rosa,
porque me gustan las flores
que da boca tan hermosa.

Si te saco los colores,
descuida que nadie mira
el grana de tus rubores.

Por un momento conspira
y dale a mi amor hombruno
el beso por quien suspira.

No te me quedes ninguno
para que vengan tus mimos
enlazados de uno en uno.

Que me lleguen por racimos
y no quede el mal recuerdo
de aquel tiempo que perdimos.

José María Valderrama 12/10/2024.

"Aquel tiempo se me fue
por las ramitas del viento
y también sé su porqué.

Dos segundos de tu aliento,
con eso me conformaba,
pero dijiste lo siento."

Imagen de un sueño

Tras de una idea cualquiera
para escribir que yo estaba
la mente en blanco dejaba,
como es costumbre y manera.

De pronto viene a esa mente
una imagen, una cara,
y la luz se vuelve clara
en un verso transparente.

Me acerco para tocarte,
sin saber que una ilusión
se queda en aquel rincón
donde solo toca el arte.

Pero me estás tan cercana
que solo alargar la mano
casi te rozo y profano
tanto encaje y filigrana.

Por eso que me detengo
al tiempo que me sonrío
y por mucho que te ansío
lejos de ti me mantengo.

Siento temores, me temo
que puedas desvanecerte
y así no tiento a mi suerte,
aunque por dentro me quemo.

Siendo tan solo una idea,
no una realidad palpable,
si me acercase es probable
la duda que se plantea.

Te miro, no más te miro,
y al ver cosa tan bonita
no es raro que me permita
que se me vaya un suspiro.

Tan solo por darle forma
a lo que tengo delante
me vuelvo loco un instante
y me salgo de la norma.

Empiezo a escribir, comienzo,
los recuerdos que recuerdo
y mira si bien me acuerdo
que de nada me avergüenzo.

Aquellos días cruciales
en que te tomé del brazo
y más cosas, ¿no es solazo
recordarlos como tales?

Fuiste amor de mis pasiones,
fui pasión de tus amores
y probé todas tus flores,
como tú mis tentaciones.

Mas no salga de mi boca
ninguna palabra más,
que no sepan los demás
cosita que te sofoca.

Nadie debe conocer
cualquier asunto ni tema
que ponga en algún dilema
la virtud de una mujer.

Aguarda, no tengas prisa
le ruego a mi pensamiento,
déjame por un momento
ser el viento de esa brisa.

No te escapes, vida mía,
de este sueño de locura,
y me lleve tu hermosura
al jardín de la poesía.

José María Valderrama 20/10/2024.

Bella y vanidosa

Una mujer tan hermosa
que destaca por lindura
no precisa
que presuma de ser rosa,
pues cualquiera floritura
se divisa.

Puedes pecar de pedante
como vienes demostrando
día a día,
presumiendo de semblante
y de lujo que adornando
te atavía.

Como así pasas la vida
y eres flor que no marchita
ni queriendo,
no es raro que se te mida
por un porte que me excita
de estupendo.

Presumida como pocas
le robas horas enteras
al espejo
y por nadie te sofocas,
pues te sientes por afueras
sin complejo.

Te embadurna el maquillaje
de los pies a la cabeza,
resultona,
porque solo eres paisaje
de mujer que se adereza
su persona.

Tan pendiente de ti misma
que te sientes más que todas
en ornatos
sin pasar por esa crisma
que eres verso de rapsodas
insensatos.

Pues quien mira a la mujer
tan solo por atributos
como centro,
quizás demuestra no ver
que los dones absolutos
van por dentro.

Si eres cosa de fachada,
porque cada vez que opinas
sube el pan,
no interesas para nada
y los hombres que dominas
se te van.

Por meter, metes la pata
por escrito y por hablado
al segundo
y tu lengua disparata,
la muevas por cualquier lado
de este mundo.

Pero voy a ser sincero,
que a pesar de lo que digo
no te resta
en belleza el puñetero
talante que te da abrigo
y molesta.

La lindura no supone
restregarla por la cara
de quien mira,
sino ver que se dispone
de una belleza tan clara
que se admira.

Eres guapa y no se duda
ni por un solo momento
tu palmito,
aunque si quedaras muda
tu beldad fuera en aumento
lo inaudito.

Esa voz que no se calla
predicando tonterías
ni enmudece
hace ver como quincalla
lo que más codiciarías
y apetece.

Con un modo tan lozano
de lucir tu carne prieta
casi apena
que Sandez te dé la mano
y lo escriba este poeta
como suena.

José María Valderrama 28/10/2024

Pues quien mira a la mujer
tan solo por atributos
como centro,
quizás demuestra no ver
que los dones absolutos
van por dentro.

Si eres cosa de fachada,
porque cada vez que opinas
sube el pan,
no interesas para nada
y los hombres que dominas
se te van.

Pues quien mira a la mujer
tan solo por atributos
como centro,
quizás demuestra no ver
que los dones absolutos
van por dentro.

Si eres cosa de fachada,
porque cada vez que opinas
sube el pan,
no interesas para nada
y los hombres que dominas
se te van.

Crónica de un funcionario

Una vida trabajando,
media vida en depresión
y te llega la ocasión
que te acabas jubilando,
¡qué dichosa sensación!

Pero piensas meramente
en cómo te fue la vida,
si la diste por perdida
o fue buena y consecuente,
cuando menos divertida.

Empiezas a repasar
con todo detenimiento
y recuerdas al momento
que tuviste que pasar
los pesares que ni cuento.

No importa cuál fue el oficio,
sino la murga que dieron
los que más daño te hicieron
por cumplir bien tu servicio
y lo mucho que jodieron.

Pues que existe quien te manda
y le debes obediencia,
que es hacer la reverencia
a persona tan nefanda
que no tiene ni conciencia.

No se puede ser honrado,
porque honrado no interesas
y te llevas las sorpresas
de sentirte presionado
por canalla a quien le pesas.

Si no aceptas su aptitud
ya verá de relegarte,
porque en eso tiene un arte
que si no llega a virtud
es por no poder doblarte.

Así empiezas a aprender
el misterio del trabajo,
ya que le importa un carajo
lo que tú puedas saber,
mientras te sienta debajo.

Te muestra su poderío
machacándote a diario.
Se convierte en rutinario
que te trate con el frío
del respeto más primario.

Se lo debes de admitir
por activa y por pasiva,
siendo su mirada esquiva:
una forma de decir
que no hay otra alternativa.

Empiezas a consumirte
por dentro sin que lo note
más quien sufre de rebote
en qué puedes convertirte,
cuando te ponen al trote.

Normalmente es tu señora
y parientes más cercanos,
que no se lavan las manos
no más ver cómo se llora
por culpa de estos fulanos.

La mente desaparece
de repente, por ensalmo,
y aunque te sintieras calmo
por dentro no resplandece
un palmo de luz, un palmo.

Va llegando poco a poco
lo que dije en el comienzo,
que por dentro me destrenzo
hasta que me vuelvo loco,
de lo cual no me avergüenzo.

Esto me lleva al psiquiatra,
que me cobra un buen dinero
por decirme lo que espero,
que mi mente no idolatra
al mamón que me refiero.

Como me manda un proceso
de terapia como cura,
este menda se procura
cada día algún receso,
trabajando con holgura.

Y así llego hasta el final
de lo que escribo y relato,
aunque no resulta grato
que me traten como a cuál
tiene un cerebro barato.

Mi cerebro es de primera,
pero han sido muchos años
echando la rabia a caños
por quien no tiene siquiera
ni principios ni redaños.

Se aprovechó bien y largo
para imponerle un castigo
a quien no fue su enemigo,
sino un testigo de cargo
de las bajezas que digo.

Como ya habrán entendido
es de mí de quien les hablo,
pero extiendo mi vocablo
a cualquiera perseguido
por no ser un pobre diablo.

Aunque lo que más me duele
es que llegando a una edad
alabe tu honestidad
quien dolerte siempre suele
y abusa de autoridad.

Pues cuando llega ese día,
que termina tal puteo,
te piensas no me lo creo
ni asimilo todavía
que se acabe este cabreo.

Un almuerzo, una placa
y se cumple el requisito
para darte el finiquito,
mientras dura la resaca
que le debo a ese cabrito.

José María Valderrama 05/11/2024.

A mi edad

En el tramo de mi vida
más tranquila y en sosiego
se me está abriendo una herida
que la puede ver un ciego.

La quiero llamar tristeza
y es que triste miro a cada,
porque tengo la certeza
de mirar y no ver nada.

Aferrado a la enseñanza
que me dieron de pequeño
aún me queda la esperanza
de que se cumpla mi sueño.

¿Cuál será ese sueño mío?
Bien sencillo de exponer,
que no sienta hielo frío
al momento de querer.

Me gusta mirar la cara
con la gracia de un suspiro
sin que nadie sienta rara
esa forma en la que miro.

Quiero ver cómo la gente
responde a mi miradura
no de una forma insolente,
sí con la mirada pura.

Porque los ojitos son
las ventanas de la calma,
balcones del corazón
por donde se asoma el alma.

No mirando de esa forma
se me niega lo mejor
y no se cumple la norma
de lo que se llama amor.

¿De qué nos sirve subir
en años, conocimiento,
si no sabemos sentir
de la manera que cuento?

Soy un tonto o tonto y medio
que sigue diciendo y sigo
que el hombre tiene remedio
y me creo lo que digo.

Canto para no llorar
cuando lo triste me daña
y al segundo de cantar
se entristece media España.

Dejando aparte la muerte,
locura que se aborrece,
le niego la buena suerte
a quien no se la merece.

Se merece poca cosa
y poca cosa le doy
a quien deshoja una rosa
y encima dice yo soy.

Así que suba mi canto
desde el pecho a la garganta
para que escuchen mi llanto,
porque es mi llanto quien canta.

José María Valderrama 20/11/2024.

« En el tramo de mi vida
más tranquila y en sosiego
se me está abriendo una herida
que la puede ver un ciego.

La quiero llamar tristeza
y es que triste miro a cada,
porque tengo la certeza
de mirar y no ver nada »

Apuntes de amor

Amores se van.
Amores se vienen.
Amores se están.
Amores se tienen.
A veces te dan
y otras no convienen.

Amores que son
de tan solo días
y amores con don
por galanterías,
y amor de ciclón
por sus demasías.

Amores de atrás
que te hicieron daño
y amores de más
si no eres tacaño,
y amor que además
esconde un engaño.

Amores que no,
que nunca se acaban.
Amores que yo
sé que me estorbaban,
y amor que murió
porque me engañaban.

Amores de miel.
Amores aciagos
que te dan su hiel
en pequeños tragos,
y el amor aquel
que es solo de amagos.

Amores también
los hay de amores,
que los tiene quien
se aroma con flores,
y amor que sé bien
hace que lo ignores.

Amores de edad
y amor que delira
por su pubertad
cuando se suspira,
y amor sin piedad,
que duele la tira.

Amores de luz.
Amores de luna.
Amores de cruz
por mala fortuna,
y amor de chapuz
sin valía alguna.

Las clases de amor
yo las clasifico
en darme dolor
más grande, más chico
o ser de un valor
del que me hago rico.

José María Valderrama 14/12/2024.

Amores que no,
que nunca se acaban,
Amores que yo
sé que me estorbaban,
y amor que murió
porque me engañaban.

Y me río

Me río de muchas cosas
que son motivo de risa,
mas la prudencia me avisa
de que mis ganas jocosas
no pasen de una sonrisa.

Me río del bien pensado,
que lo ve todo en color
y en vez de decir qué horror
echa la cara a otro lado
y se siente así mejor.

Me río del inocente
porque nunca ha roto un plato,
no sabiendo que es más grato
el sentirse dependiente
de malicias, no el recato.

Me río del que es simplón
y procura ser sencillo,
pues jamás será ese pillo
que recibe un bofetón
por pasarse de listillo.

Me río del comedido,
al que no dañas ni alteras
y por más que te rieras
siempre pone su sentido
en lucir buenas maneras.

Me río del religioso
quien te pone la otra cara,
como si no se enterara
que es bastante peligroso
lo que la vida depara.

Me río del hombre bueno,
ese que tiende su mano,
sin saber que el ser humano
está de maldades lleno,
que te da tarde o temprano.

Me río del ser sincero
que va con palabra cierta,
cuando la verdad no acierta
y se premia al embustero
por su lengua más experta.

Me río del buen cortés
que derrocha cortesía,
porque nadie ya se fía
de ningunos paripés,
que es fingir con simpatía.

Me río del miserable
ahorrador de su fortuna,
siendo de tan rica cuna
que resulta imperdonable
no gozar cosa ninguna.

Me río del pobre hombre
que aquí vengo refiriendo,
porque este mundo lo entiendo
para gente con renombre
y dobleces de atuendo.

Yo me río del que tiene
cualidades o defectos,
de los seres más perfectos
como del que se entretiene
con los vicios más abyectos.

Y me río por reír
del cualquier egocentrismo
y me río del cinismo,
que es lo mismo que decir,
sin volverlo a repetir,
que me río de mí mismo.

José María Valderrama 20/12/2024.

Siempre yo

Como me conozco sé
las cosas que me dan rabia,
dejando muda mi labia
hasta no saber por qué
hablas con el que me enrabia.

Me siento tanto coraje
que te pongo entre mis ojos
o por seguir mis antojos
me visto con ese traje
con que visten los enojos.

No puedo recomponer
ni modales ni templanza
y se me va la confianza
cuando te veo, mujer,
dando a alguno tu alabanza.

Que bien fuera posesivo
no te lo pienso negar
y me viene a molestar,
sin importarme el motivo,
cualquier modo de alabar.

Con alabar me refiero
que a ninguno le eches flores
y que en todos tus favores
sea yo siempre el primero
y el mejor de los mejores.

Como sé que no está bien
lo que te digo y pretendo,
te diré que yo me ofendo
con ser segundo y no quien
estás primero atendiendo.

No le pongo su remedio
a ser tanta pretensión
y aunque no tenga razón
no quiero a nadie por medio
que distraiga tu atención.

Aunque parezcan bobadas
siempre quiero estar presente,
sin que ninguna otra gente
robe mis cabezonadas
de ser yo primeramente.

Son defectos y confieso
que se enturbia mi cabeza
cuando tengo la certeza
de que alguno tiene peso
y le das tu gentileza.

Tengo que ser siempre yo
sin discusiones ninguna
el que tenga la fortuna
de no oírte decir no,
aunque te pida la luna.

Es bastante de mimado
o más bien decir niñato
si no más ya me arrebato
cuando tratas con agrado
a quien yo siquiera trato.

Como por dentro así soy
y no pienso en redenciones
ya sabes las dimensiones
de lo enfadado que estoy,
si a cualquiera me antepones.

No son enfados normales
sino de sentir pavor
al observar con horror
que mis dones naturales
tienen un competidor.

Fuera prosa que en poesía,
si te inclinas por cualquiera
la ilusión se me muriera,
pues solo parecería
un don Nadie en lo que fuera.

José María Valderrama 14/01/2025.

Me pides versos

Me pides versos y voy
a explicarte en un minuto
que no soy en absoluto
ese que piensas que soy:
pasatiempo para hoy
y mañana ni me inmuto.

Yo levanto los castillos
de toda imaginación
y te busco una ilusión
con los modos más sencillos,
esos que saben los pillos
y brotan del corazón.

Si quieres frases bonitas
ya verás que las compongo
y te pongo en un diptongo
aquellas que necesitas,
con tan solo me permitas
las cosas que me propongo.

Te llevaré por los cielos
hasta que toques la luna
y ya verás cómo, tuna,
permitirá mis anhelos,
porque yendo de esos vuelos
no me rechaza ninguna.

Volaremos por el día,
cuando se asoma la aurora,
para que sepas la hora
de la más grata osadía,
pues nos dará compañía
una tan bella señora.

Vestiré con blanca seda
las estrellas que iluminan
hasta ver que te conminan
a posarte en la arboleda,
donde arrullan con voz queda
las avecillas que trinan.

Romperemos el espacio
de los mares más remotos
y seremos terremotos
que tiemblan, pero despacio,
y tendremos por palacio
los océanos ignotos.

Allí me saldrán los versos
con toda facilidad,
pues con tu feminidad
pasaremos universos
y serán tus labios tersos
vuelos sin velocidad.

Te puedo decir aquello
que tus oídos reclaman,
porque sé cómo se llaman
la dulzura y el destello
de todo lo que es tan bello
que los poetas declaman.

Puedo darte aquellas rosas
que presumen de colores
y te puedo dar las flores
que parezcan más hermosas
y puedo darte las cosas
que hagan que te me enamores.

Jugaremos por los sueños
si no tienen tu reproche
y sabrás con qué derroche
pondré todos mis empeños
para que no tengan dueños
los luceros de la noche.

Me quedan muchas más frases
de las que sé que te gustan,
porque tampoco me asustan
objetivos de esas clases
con tal de poner las bases
que a mi tentación se ajustan.

Aunque pongo mi escritura
al servicio del realismo
bien puedo escribir lo mismo
que un pintor da su pintura,
aunque pongo una finura
que se escapa del cubismo.

Déjame ser un cometa
y que te lleve en volandas,
porque si tú me lo mandas
puedo ser viento y veleta:
la caricia más discreta
o las ternuras más blandas.

Puedo ser un remolino
donde se mezan los vientos
para darte sus alientos
o la brisa del camino,
donde brinca un repentino
huracán de sentimientos.

Pero si aún no te basta
lo que te vengo diciendo
ni te juzgo ni reprendo
ni te exijo nada, hasta
no ver cómo se desgasta
la traba que vas poniendo.

Si querías frases lindas
que no supieran a poco
hazle caso a este loco,
que sabe poner las guindas
en la ocasión que me brindas
y, ya ves, que ni te toco.

La metáfora no lo es
más que un medio de adornar
y me vas a perdonar
si yo escribo del revés,
aunque aquí, donde me ves,
con un salero sin par.

Camina junto a mi lado
y sabrás que no te faltan
ni poemas que te exaltan
ni versos con mucho agrado,
porque en eso soy dado
a ser de los que resaltan.

Ahora piensa lo que quieras
y verás qué bien lo acato,
pues con esto solo trato
exponerte mis maneras
y que el verso que pidieras
te haya resultado grato.

José María Valderrama 14/01/2025

Romperemos el espacio
de los mares más remotos
y seremos terremotos
que tiemblan, pero despacio,
y tendremos por palacio
los océanos ignotos.

Allí me saldrán los versos
con toda facilidad,
pues con tu feminidad
pasaremos universos
y serán tus labios tersos
vuelos sin velocidad.

No disgusta

No disgusta nada tuyo
de lo que me dejas ver
y aquello que es de esconder
no disgusta, pues lo intuyo.

En esa composición
de delicias con que vienes
no disgusta nada, tienes
recluso a mi corazón.

No disgusta lo de afuera,
siendo de gusto mirarlo,
ni disgusta compararlo
al vergel de primavera.

Con eso precisamente
es que vengo a referir
que no disgusta sentir
lo que tienes de atrayente.

No disgusta para nada
la carita que me pones
ni disgustan tantos dones
con los que fuiste alhajada.

Por dicho lo referido
tampoco siento disgusto
si no das más que lo justo
que me tienes permitido.

No disgusta que esos labios
se me posen por los míos
y no siendo labios fríos
me despierten los resabios.

Sin poner galantería
no disgusta en modo alguno
si devuelves de uno en uno
los besos que te daría.

No disgusta que tus senos
se me aprieten a mi pecho
ni me disgusta ese hecho
hasta ahora, por lo menos.

Ya lo ves, no me disgusta
sentir el calor que siento,
como nunca me lamento
de apretura tan augusta.

No disgusta que ese abrazo
me dé la oportunidad
de ostentar con ansiedad
el calor con que amenazo.

Tengo un hambre tan temprana
que no me disgusta mucho,
cada vez que yo te achucho,
que me achuches sin desgana.

No disgusta que entrelaces
tus manos tras de mi cuello
ni disgusta ese destello
que siento mientras lo haces.

Si tanto apuro te apura,
no disgusta que lo tengas
siempre que luego me vengas
con mayor desenvoltura.

No disgusta de tu planta
esas piernas que enloquecen
que de lindas me parecen
eso que nadie se aguanta.

Si no te resulta claro,
con ello quiero decirte
que no disgusta medirte
con frescura ni descaro.

No disgusta que me sientas,
cuando a tu cuerpo me aprieto,
si no puedo estarme quieto
y no son mis manos lentas.

Así tan solo expresar
que si me das tu licencia
no disgusta la indecencia
ni se debe rechazar.

No disgusta de esa flor,
de ese tu cuerpo lozano,
sino tenerlo lejano
sin gozar de su esplendor.

Te lo explico despacito
para que mejor te enteres:
no disgustan las mujeres,
porque son de tan bonito
el placer de los placeres.

José María Valderrama 20/01/2025.

No disgusta para nada
la carita que me pones
ni disgustan tantos dones
con los que fuiste alhajada.

Por dicho lo referido
tampoco siento disgusto
si no das más que lo justo
que me tienes permitido.

Ayer fue primavera

Ayer nació soleado,
bonito día,
pero hoy ha nublado
por empatía.
Y es que en enero
pocos días son como
yo los prefiero.

No me gusta el sol fuerte
dando de pleno.
Tan siquiera divierte
un sol tan lleno.
Me gusta flojo,
sin que sufra mi rostro
ningún enojo.

Pero la lluvia eleva
su relevancia
y es posible que llueva
en abundancia.
Es pleno invierno
y no espero del tiempo
nada fraterno.

Me lo sé de memoria,
de carretilla,
que me falta oratoria
de la sencilla.
No sé explicarte
dónde se mete el astro,
sin engañarte.

No lo sé de seguro
dónde se esconde
cuando se pone oscuro,
no lo sé adónde.
Pues de saberlo
con el nublo me riño
hasta romperlo.

Para dar un paseo
solo preciso
ese sol que no veo
por indeciso.
Maldita bruma
que me sube los nervios
como la espuma.

Qué bonita mañana
la de ayer mismo,
porque el sol dio con gana
favoritismo.
Con tenues rayos
como si fueran bucles
de muchos mayos.

Con las gafas oscuras
polarizadas,
recibiendo ternuras
rubias, doradas.
Mientras la brisa
me acaricia despacio,
sin tener prisa.

Levantando la cara
al mismo cielo
siento que me besara
todo su celo.
El sol me ciega,
pero de alguna forma
que me sosiega.

A final de este mes
que nos hallamos
no le dejo al después
que desolamos
si el sol no sale
y no muestra un cachito
de lo que vale.

Así es como lo siento,
una caricia,
que se va de momento
si se codicia.
Porque el sol tiene
un capricho de nubes,
si le conviene.

Cuando quiere calienta
y si no quiere
nadie le tiene en cuenta
que se escondiere.
Pues le divierta
comportarse de forma
que desconcierta.

Con un cielo precioso
como el de ayer
fue calor delicioso,
que da placer.
Me sentí vivo
a sabiendas de sobra
por qué motivo.

Lo diré y lo repito
cuanto haga falta
que el día es más bonito
cuando resalta
con esas luces,
que iluminan tu cara
por donde cruces.

Ayer fue primavera
con flores mil
por un sol de primera
de tan viril.
Con un calor
tan liviano que sueña
la propia flor.

José María Valderrama 28/01/2025.

El Plan Colce

Es esta tierra un sembrado
de una sociedad sumisa,
que se conforma con misa
y mirar hacia otro lado,
por no ver con desagrado
cómo la tratan de mal
la gentuza no cabal,
más allá de lo pensado.

Me duele como a cuchillo
congoja más que prudente,
pues no siendo buena gente
se comporta como un pillo
un don Nadie, hombrecillo,
que en ese cargo fue puesto
a cargo del presupuesto
que sale de mi bolsillo.

La provincia no prospera
y no me cambia a mejor
por culpa de ese señor
que se ve que no se entera
lo que del señor se espera:
que pague con su trabajo
todo aquello que sustrajo
del sudor de mi cartera.

Como vive en los medievos
sin preocupación ninguna,
casi siempre está en la luna
sin que los proyectos nuevos,
presurosos ni longevos
le hagan mella a su inquietud,
demostrando ineptitud
porque se toca los huevos.

Así que Jaén avanza
al compás de los cangrejos,
mientras que se hacen viejos
y se llenan bien la panza
los que di mi confianza
en aquellas votaciones,
que no son más que trincones,
de perder toda esperanza.

Todo lo mejor depreda
la mano de los más listos,
pues los nuestros van provistos
de una lentitud que hieda
y en la que nunca se exceda.
Así que una buena idea
nuestra gente ni la vea
y cualquiera se la queda.

Como no nos sublevamos
ni se escucha nuestra voz
nos siguen dando la coz
en lo que necesitamos,
porque ven que no gritamos,
a pesar de que nos trata
como seres de hojalata
el truhan a quien votamos.

No tendremos dignas vías
para comunicación,
mientras gastan un montón
en rieles y tranvías
y otras tantas fruslerías
que sirven de disimulo
a quien es tonto del culo
y malgasta en tonterías.

Vivimos de las sorpresas
que nos dan como a diario,
cuando todo el vecindario
se queda sin las remesas
que procuran las empresas
del dinero de verdad,
por ser de esa cualidad
de no dar más que promesas.

Todo negocio que es bueno
para que se cree el empleo
se nos va sin titubeo
al carajo duro y pleno,
sin que se le ponga freno
a que cualquier territorio
se haga dueño y meritorio
de la idiotez que condeno.

Me quedo sin adjetivos
tras de ver la última hazaña
en que Córdoba rebaña
el Plan Colce sin motivos.
Se nos roban objetivos
de proyectos militares,
como si aceituna y bares
nos basten para estar vivos.

Si esto ocurre en Barcelona
o Vascongadas le auguro
el futuro más oscuro
que le venga de persona.
Como el pueblo no perdona:
quema de contenedores
y saqueo de interiores
en inmuebles de la zona.

¿Y qué se ha hecho al respecto
por el poder susodicho?
Pues mandar cartas, lo dicho,
que no tienen más efecto
a decir soy un infecto
que le ruega a su vuecencia
aguantar la impertinencia,
que le mando con mi afecto.

Sí, que en resumidas cuentas
seguimos estando lo mismo
con todo ese servilismo
al ver que no te violentas.
Mientras tanto le consientas
nos dará bien por el saco,
sin querer soltar un taco,
el que vive de tus rentas

Como bien se puede ver
de poco nos servirá
protestar cuando ya está
otorgado el menester,
sin que se pueda acceder
más que a una simple protesta,
que es normal si se contesta
que se dio por buen hacer.

Así que no digan más
«Jaén, levántate brava»,
porque Jaén es la esclava
de cualquiera mandamás
y nunca, nunca jamás,
por lo expuesto y referido
tendrá Jaén, por descuido,
lo que tienen los demás.

José María Valderrama 09/02/2021.

Allí donde estés

No se puede ser amante
a dos leguas de distancia,
porque no da su fragancia
una rosa tan distante.

El amor es un suspiro
y unos besos de diario,
no ojear un calendario
mientras una foto miro.

Debo tenerte presente
y tocarte con mis manos
sin sentirte en los lejanos
hemisferios de la mente.

Tengo que besar, sentir
cómo al beso me respondes
y no ver cómo te escondes
detrás de un ir y venir.

Amar es un sentimiento
que crece día por día,
no esa amarga fantasía
de tamaño alejamiento.

Es sentir cada mañana
el calor que dan tus brazos
y es sentir que mis abrazos
no sientes de mala gana.

Si no estás junto a mi lado
no puedo recompensar
ni tampoco abotonar
la ternura que me has dado.

Abotonarla a mi pecho
como un algo tan querido
que me sienta desvalido
si me niegas tal derecho.

De repente y tras lo dicho
pierdo toda la entereza
al saberte con tristeza
tan ajena a mi capricho.

¿Se puede querer de lejos?
Sin ninguna duda sí,
si te siento tan en mí
como a mis actos reflejos.

De ese modo irreflexivo
que me responde al impulso,
porque no soy un insulso
y quiero sentirme vivo.

Quizá fuera algo distinto
esa forma de querer,
mas si tú eres la mujer
aún mejor de que lo pinto.

Ese amor se llama loco,
porque no quiero ni acato
la aventura de algún rato
por saber que no te toco.

Puedes tener por seguro
que allí dónde te me halles
no existen pueblos ni calles
que me pongan en apuro.

La distancia no entumece
ni quita veracidad
si es que quiero de verdad
y más de lo que parece.

Mi caricia lo será
como el sol que te acaricia
desde que su ciclo inicia,
por más lejano que está.

Te adoro por femenina,
porque masculinos son
los lirios de la pasión
de un amor que no termina.

Lo digo mejor, que prima
sobre todos los amores
aquellos que me dan flores
y a mis versos ponen rima.

Nunca habrá mejor jardín
para este pobre poeta
que esa cara de violeta
con revuelos de jazmín.

No padezcas desencanto,
ya que tú eres lo que digo
la que nunca está conmigo
y a pesar la quiero tanto.

Por más lejos que me estés
siempre romperé la norma,
siempre te amaré a mi forma:
¡de la cabeza a los pies!

José María Valderrama 05/02/2025.

Ese amor se llama loco,
porque no quiero ni acato
la aventura de algún rato
por saber que no te toco.

Puedes tener por seguro
que allí dónde te me halles
no existen pueblos ni calles
que me pongan en apuro.

Tiene un tesoro

Es costumbre de decir
que un amigo es un tesoro,
pero hablando sin decoro,
bien pudiera predecir
de una mujer que es sentir
que vale su peso en oro.

Lo que en masculino suena
como de escaso valor,
la mujer le da esplendor
con su belleza serena,
mereciendo bien la pena
que te alhaje con su amor.

Ella si vale un buen precio,
porque al darte su amistad
te está dando la mitad
de algo que es mucho más recio:
eso que si no eres necio
sí que importa de verdad.

Los amigos no dan besos
como caricias tampoco,
ni te vuelven medio loco
si consigues con progresos
ser un hombre y ser de esos
de no conformar con poco.

Como se puede apreciar
el amigo no es primero
ni tampoco el verdadero
erario de valorar,
ya que no me puede dar
la fortuna que yo quiero.

La riqueza más primaria
solo la da una mujer,
porque te puede querer
de una forma tan diaria
que te fuera necesaria
la gana de responder.

Eso sí es sentirse amigo,
no lo que los hombres dan,
y me sobran los que están
y me faltan las que digo:
las riquezas que persigo,
que no son las del refrán.

Me gusta mucho Manuela
y Mercedes, la del perro,
y Dolores, que gamberro
me lo suelta cuando cuela,
si mi mano se me vuela
sin errar cuando la cierro.

Siempre toco carne pura
con todas las que he citado
y no me siento apurado
ni mi calma se me apura
al tocar tanta hermosura
como hubiera imaginado.

Esto si tiene sentido
de ser llamado riqueza,
porque siempre se tropieza
con el gozo más querido,
que me tiene permitido
el caudal de su belleza.

Lo de amigo se me queda
bien corto para mis luces,
ya que tacho, pongo cruces
a toda la que me ceda
el mejor rato que pueda,
sin que dé mi amor de bruces.

Como pongo el pensamiento
en fortunas tan veraces,
los hombres no son capaces
de quitarme hasta el aliento,
que es lo propio que yo siento
con mujeres tan audaces.

A pesar de los pesares
del refrán al que aludía,
la mujer me supondría
la fortuna como a pares
y en cualquiera los lugares
que tiene su anatomía.

El tesoro lo equivale
la señora y no el varón,
de no ser un maricón
que de su armario se sale,
cosa que a mí no me vale
por no ser mi condición.

José María Valderrama 10/02/2025.

Es costumbre de decir
que un amigo es un tesoro,
pero hablando sin decoro,
bien pudiera predecir
de una mujer que es sentir
que vale su peso en oro.

Ella sí vale un buen precio,
porque al darte su amistad
te está dando la mitad
de algo que es mucho más recio:
eso que si no eres necio
sí que importa de verdad.

Sin enfados

Si te robara algún beso
espero que no te enfades
con demasía por eso.

Si te quito alguno más
espero que no te enfades
por los que vengan detrás.

Si te siso lo que digo
espero que no te enfades
por unos besos conmigo.

Si te demuestro mi arrobo
espero que no te enfades
por los besos que te robo.

Si te arranco ese clavel
espero que no te enfades
si me deshojo con él.

Si mi boca es tan ladrona
espero que no te enfades
si la tuya me perdona.

José María Valderrama 15/02/2025.

Mañana

Mañana pudiera ser
el día definitivo
y estar de amor tan cautivo
que me sienta enloquecer.

Mañana quizás que sea
un buen día de quererte
y que tuviera la suerte
de que en tus brazos me vea.

Mañana si acaso pueda
decirte cuánto te adoro
y que me des el tesoro
de todo lo que suceda.

Mañana tal vez te diga
que eres la flor de mis vientos
y deshoje sentimientos
que mi corazón abriga.

Mañana, a lo mejor,
te implore cosas bonitas
y te dé las exquisitas
experiencias del amor.

Mañana verás que intente
amarte con toda gana
y todo será mañana,
mañana posiblemente.

José María Valderrama 20/02/2025.

A Mi Aire

Tengo puestos los sentidos
en escribir de manera
que no le gusta a cualquiera
ni mis versos son queridos.

Mi forma de componer
se parece al siglo de oro
y mi verso es un tesoro,
en labios de una mujer.

Sin embargo, no pretendo
las malas comparaciones
con aquellos campeones
de que vengo presumiendo.

Con lo dicho solo digo
que sigo con las sufridas
estrofa, rima y medidas,
que se llevan bien conmigo.

Yo respeto toda forma
cuando se parece al verso,
pero lo pienso más terso
si se sigue bien la norma.

No me estorba a mí ninguno
ni su forma de expresión,
si brota del corazón
verso a verso, de uno en uno.

Cada cual siga la pauta
y se atenga a su talento,
ese que en todo momento
hace que suene la flauta.

Habiendo tantos poetas
y distintos de mi pluma,
no seré yo quien presuma
de tercetos ni cuartetas.

Se escribe lo que se siente
y se dice, como en todo,
como tuviera por modo
quien lo crea pertinente.

Los conceptos absolutos
no me sirven para nada
y respeto la algarada
de los versos más astutos.

Si te fueran palmoteados
por las palmas del gentío
será verso no vacío
y buen verso en todos lados.

Mientras tanto escribiré
cosechando indiferencia,
ya que ahora a la elocuencia
se la trata con el pie.

Aunque casi no me importa
y me río de mí mismo
por gustarme ese purismo,
que tan poco reconforta.

Siempre seré el escritor
ortodoxo que refiero,
pues de esa forma me quiero,
por considerar mejor.

Pero vuelvo a reiterar
que cualquiera que compone
pone su intelecto y pone
su buen modo de gustar.

Es de locos como yo
desprenderse de la moda,
que verso libre se apoda
y a la que le digo no.

Vaya usted por su camino,
porque por ahora acierta
y no abra nunca la puerta
a mi tonto desatino.

Siga componiendo así,
ya que así es como le gusta
a la mayoría injusta
y jamás se fije en mí.

El verso que predomina
es un verso en libertad,
aunque valga la mitad
para la terca doctrina.

Yo seguiré, por si acaso,
escribiendo cuanto pueda,
resucitando a Espronceda
y al pobre de Garcilaso.

José María Valderrama 27/02/2025.

Apenas pensar

Apenas pensar en ti desvarío
y empiezo a escribir como lo hago ahora,
como si alguien más de ti se enamora
y no dices no del modo más frío.

Apenas pensar me veo inseguro
sin seguridad en lo que tú sientes,
sin saber decir si acaso me mientes
y das un amor que no es de oro puro.

Apenas pensar noto que me inquieto
y no sé explicar por cuales motivos,
pues sé bien que tú no tienes furtivos
deseos de estar con otro en concreto.

Apenas pensar me pongo celoso
y no sé driblar de ninguna forma
esa cualidad que tengo por norma
de sentirme mal por pretexto ocioso.

Apenas pensar te siento en los brazos
de la soledad y tengo ese miedo
de que des tu amor, porque yo no puedo
darte mi calor sino en largos plazos.

Apenas pensar no estar a tu lado
me vengo a morir como poco a poco,
que es como decir que me vuelvo loco
sin saber nombrar el motivo dado.

Apenas pensar que no estás conmigo,
sino en un lugar adonde no llego
me quema el calor con que quema el fuego
y no sé salir del fuego que digo.

Apenas pensar la gloria bendita
que supone estar bajo de tu techo
le digo a mi amor no tienes derecho
a quererme hurtar cosa tan bonita.

Apenas pensar hago disparates,
porque la razón pierde raciocinio
cuando no te ve bajo su dominio,
como está la flor por sus arriates.

Apenas pensar me creo la envidia
que mi corazón le tiene a tu alcoba
y apenas pensar tu ausencia me roba
toda la pasión del toro que lidia.

José María Valderrama 02/03/2025.

Con tus permisos

Si me das tu permiso
y no te enfadas
te diré de improviso
lo que me agradas.
Cada palabra
será como una rosa
que se te abra.

Si sigues permitiendo
lo que te diga
ya verás cómo enciendo
lo que le siga.
A cada letra
sentirás fuego puro
que te penetra.

Si me das tu licencia
para que hable
dejaré a mi elocuencia
echarme un cable.
Tenlo por cierto
que te dejo tus ganas
al descubierto.

Si me sigues tratando
sin inquietarte
no sabrás cómo y cuándo
vaya a besarte.
Pero prometo
no quedarme impasible
ni estarme quieto.

Si me das concesiones
y predominio
nunca esperes pasiones
de latrocinio.
Cuando te embobe
me darás tus caricias
sin que las robe.

Si me sigues de tierna
tras de lo dicho
la noche será eterna
y a mi capricho.
Rayando el día
no tendrás duda alguna
de que eres mía.

Si me das facultades
sobre tu aliento
no tendré caridades
cuando te tiento.
Gusta un montón
si dejas en mis manos
tu corazón.

Si me sigues lo mismo
en adelante
dejaré mi lirismo
para otro instante.
Seré tan hombre
que la propia penumbra
casi se asombre.

Si me das de tu venia
sin requisitos
me sabré la orogenia
de tus palmitos.
Esas montañas
a dos palmos debajo
de tus pestañas.

Si me sigues querida
tras de año entero
no te sientas perdida,
porque te quiero.
En el amor
con dos días me sobra
para una flor.

Si me das ese pase
de hablar con hechos
puede que me propase
en mis derechos.
Vete bien lejos
para que no te tire
nunca los tejos.

Si me sigues la pauta
dulce y serena
es porque eres tan cauta
que me da pena.
Pues me desola
arrancar de tus trigos
tanta amapola.

José María Valderrama 12/03/2025.

173

Solo piropos

Es una mujer
tan deliciosa
que tiene aroma
como una rosa.

Es una mujer
tan exquisita
que pierdo el rumbo
de tan bonita.

Es una mujer
tan agraciada
que no le falta
nada de nada.

Es una mujer
tan deslumbrante
que da su brillo
a cada instante.

Es una mujer
tan de primera
que vuelve loco
a uno cualquiera.

Es una mujer
tan femenina
que aturde al aire
cuando camina.

Es una mujer
tan atractiva
que toda hombría
me la motiva.

Es una mujer
tan deseable
que das las gracias
con que te hable.

Es una mujer
tan resultona
que en un retablo
no desentona.

Es esa mujer
que siempre digo
ya la quisiera
tener conmigo.

José María Valderrama 14/03/2025.

Como la lluvia

Con lo que a mí me gustaba
la tormenta de tu boca,
cada vez que me besaba.

El granizo que irrumpía
cuando ese beso volaba
desde tu boca a la mía.

¡Válgame Dios, qué lindura,
aquel beso que llovía
de tan celeste criatura!

Se me ablanda el corazón
al pensar en la frescura
de un beso sin compasión.

Tu beso pasaba dando
arcoíris de pasión,
que me estaba ya faltando.

¡Quién pudiera, flor de rayo,
llevar tu beso montando
la grupa del mes de mayo!

José María Valderrama 26/03/2025.

Mi sonrisa

Te quisiera engalanar
con una de mis sonrisas,
de esas que no tienen prisas
y tardan poco en llegar.

No es mucho lo que te doy,
pero tenlo por seguro
que el gesto que te procuro
te dura por todo hoy.

Puedo estar falto de cosas,
aunque no de simpatía
para darte una alegría
igual que un ramo de rosas.

Quizás llegues a sentir
que tampoco diera mucho
y que soy un endeblucho
por dar solo un sonreír.

Pero una sonrisa sana,
que se da de corazón,
vale por todo un montón
de la moneda mundana.

No regalo florituras
por no ser un lisonjero,
pero si digo te quiero
me sobran esas tonturas.

Tengo fama bien ganada
de que mi sonrisa tiene
algo raro que entretiene
sin deber decirte nada.

La rareza meramente
de darte de forma amable
mi sentido más sociable
y que doy raramente.

Y es que mi sonrisa halaga
mucho más que algún tesoro,
porque tiene ese decoro
que el dinero no lo paga.

Se me escapa de la boca
luciendo en mi cara entera
y le lleva delantera
a cualquiera que te toca.

Te acaricio sin las manos
y sin rozarte ni un pelo,
pues me sobra caramelo
para mimos tan profanos.

Es tan solo ese regalo
que puro y limpio se ofrece
para ver si te enternece
y eso nunca ha sido malo.

Si en ella quedas perdida
me tendrás buenas razones
y te pido mil perdones
por sentirte sonreída.

Mi sonrisa es un clavel
de jardín, no de arriate
y quien mira su granate
se queda prendida en él.

Si sonrío da colores
de esmeraldas y turquesas,
y se sienta en esas mesas
de las sonrisas mejores.

Vaya siempre por delante
mi sonrisa sonriendo
hasta que se estén cayendo
las penas de tu semblante.

José María Valderrama 27/03/2025.

A Jesús resucitado

Qué mañana más hermosa
regala el Resucitado
después de haber soportado
una muerte tan penosa.

Tan de lirio se despierta
el sol de su celosía
que parece lejanía
tanta sacra carne muerta.

No parece que hace nada
se le viera mendigando
bajo de una cruz andando
la piedad de una mirada.

Miradlo en su fortaleza,
porque ha vencido a la muerte
tras de haber quedado inerte
en esa cruz su grandeza.

Los clarines de los cielos
han sonado de mañana
enmendándole la plana
a pesar y desconsuelos.

Mi señor y Cristo mío
déjame seguir tu luz,
ya que no pudo una cruz
apagar tu lucerío.

Solo tengo como meta
cuando esto se tranquilice
y mi voz se normalice
los ayes de una saeta:

«aquel maldito romano
que a muerte te condenó
se le cayera la mano,
la mano con que firmó».

Va tu gloria en mi retina
y mi desvelo es tu llaga,
porque con nada se paga
una herida tan divina.

Que no me muera sin ver
ese rostro reluciente
al lado de un penitente
en un lindo amanecer.

José María Valderrama 04/04/2025.

Recuerdos De Un Ayer

Miro atrás como si nada,
pues todo parece ayer
y me acuerdo sin querer
de toda el agua pasada
que no volveré a beber.

En unos pocos minutos
se resume la existencia
cuando cualquiera vivencia
tardó tiempo en dar sus frutos,
agotando mi paciencia.

Todos los grandes momentos
y también los más livianos
no son más que ratos vanos
o fugaces sentimientos
escapados de mis manos.

Siendo siempre lo acaecido
algo que deja su impronta,
la mente se hace la tonta
y resume en un bufido
lo que fue toda una monta.

Por eso cualquier recuerdo
es tan rápido y vivaz
y a veces también capaz
de volver loco al más cuerdo,
cuando no te deja en paz.

Todo ocurre de repente
y lo ves tan claro y puro
como si fuera seguro
que el pasado es el presente
y el presente su futuro.

Apenas que te das cuenta
estás recordando un hecho
que ya no tiene derecho
a cantarte las cuarenta
o a dejarte satisfecho.

Entonces nace tu espanto
y te dices, señor mío,
cómo es posible este lío
y que yo recuerde tanto
de un periodo tan tardío.

No se trata de algún año,
de tres, cuatro ni de cinco,
sino ver que doy un brinco
al suceso de un antaño
que dobla los veinticinco.

Ese es mi segundo ingrato
y el de cualquiera, supongo,
del que nunca me repongo
hasta que pasa un buen rato
y a otra cosa me dispongo.

Te sientes viejo y reviejo
cuando puedes recordar
eso que suelen llamar
un asunto tan complejo
que no has podido olvidar.

Se trata de la memoria,
bien llamada retentiva,
y te notas más que viva
un retazo de tu historia,
cuando ya no te motiva.

Pues no puede motivarte
eso que te hace sentir
que por culpa de existir
habrás siempre de acordarte
lo corto que fue vivir.

Se pasaron juventudes
llegando a esos estados
en que vives de pasados
como de vicisitudes,
estorbando en todos lados.

Recuerdas lo bueno y malo
y lo que es mucho peor,
pues te sientes tan mayor
que el recuerdo es un regalo
de mal gusto, intervalo
para una vida mejor.

José María Valderrama 07/04/2025.

Mi amigo

*A la memoria de mi amigo Juan Pulgar Cantos,
llevado por la muerte prematuramente.*

Ayer se murió mi amigo
tras de mucho batallar
y a la muerte escamotear
en tanto tiempo su hostigo.

Pero le llegó su día
y no por ser un cobarde,
pues de sobras hizo alarde
de que le sobraba hombría.

Una terca enfermedad
al final lo ha derrotado,
después de tanto luchado
como un hombre de verdad.

En su féretro tendido
lo miré mientras rezaba
y su cuerpo acaparaba
todo mi juicio y sentido.

Recordé por un instante
trozos de una vida entera,
pero sin que se me viera
una lágrima brillante.

Procuré tragarme el llanto
para no causar más daño
a familia como extraño,
que con fatiga me aguanto.

Pero sí que le recé
y fue un simple padrenuestro,
oración con la que diestro
mi pesar le demostré.

Una extraña sensación
vino pronto a recorrerme,
como si pudiera verme
rezando aquella oración.

No fueron momentos gratos
de alegría ni recreo,
sino de un mortal cabreo
que no se pasa en dos ratos.

Bien se sabe que la muerte
jamás hace distinciones,
pero sí que en ocasiones
no tienes tan mala suerte.

Viene a secas, de repente,
como si tuviera prisa
y te lleva tan deprisa
que casi ni se la siente.

Pero a veces se retrasa
y se hace la remolona
y la angustia se amontona
a cada día que pasa.

Vestida de un mar de males
te consume poco a poco
sin que te deje tampoco
demostrarle lo que vales.

Ese ha sido su final
y su muerte prematura
solo quiere y me procura
que me sienta mal y mal.

Pensaba verlo con creces
lleno de energía y vida
y es por eso su partida
que me duela por dos veces.

Cuando ves que se te van
los amigos de la infancia
le das toda su importancia
a vivir con más afán.

Aunque sientes sinsabores,
porque la parca arrebata
y su mano desbarata
casi siempre a los mejores.

A diecisiete de abril
pongo fecha, firmo y cierro,
porque me voy a su entierro
bajo un tenue cielo añil.

Ayer se murió un buen hombre
y Dios lo tiene en su gloria.
Ayer se acabó su historia
pero por jamás su nombre,
que lo guarda mi memoria.

José María Valderrama 17/04/2021.

Mi pecado

Pretendiendo la virtud,
siempre en pos de la moral,
cuando el modo natural
es sentirse en plenitud
por tener esa aptitud
del pecado original.

Perseguidos por el miedo
a la cremación eterna
la impudicia es subalterna
a cualquier creencia o credo,
mientras mi terror lo heredo
de la religión moderna.

Pues pensando en lo que haya
más allá de su partida,
el humano bien se cuida
de ser bueno donde vaya
y así casi que soslaya
lo mejor que da la vida.

No se trata de ir al vicio
como una idea concreta,
sino dejar que se meta
dentro de ti sin prejuicio,
siendo luego un beneficio
el desliz que se cometa.

¿De qué sirve la inocencia
en toda persona adulta
si después se ve, resulta
que de cualquiera abstinencia
no queda ni la evidencia
y encima pagas la multa?

Si de todas formas tienes
que pasar al purgatorio,
al menos sea notorio
que te bulle por los genes
el pecado y lo mantienes
dentro de tu dormitorio.

Pues no se me ocurre nada
que fuera más placentero
a sentirte todo entero
con el alma bien manchada
por una mujer tomada
de este modo que refiero.

Como es propio del destino
que te quemes por buen rato,
por lo menos sea grato
el motivo de tu sino,
sin que te importe un comino
el pecado de que trato.

Siempre será la lujuria
el mejor medio de hacer
que tu cuerpo deba arder,
sin que sientas la penuria
de que al propio Dios se injuria
por culpa de una mujer.

No existe mejor pecado
que el de la carne serrana,
se cometa de mañana
o de noche, ya cansado,
pues jamás será un bocado
que se dé de mala gana.

De eso puede devenir
que el cielo cierre los ojos
y se cubra de sonrojos
por tu forma de sentir,
sin que te pueda impedir
el placer de tus antojos.

Si después has de pagar,
pues se paga por los codos
de la forma y con los modos
que se deban de aplicar
por comer de ese manjar,
que sobresale de todos.

No me asustan los infiernos
ni me dan calor bastante
por ser hombre con aguante
al frío de los inviernos.
Así que demonio y cuernos
no demudan mi semblante.

Siento miedo de la muerte
como lo siente cualquiera,
pero no pienso siquiera
en tener tan mala suerte
y cuando algo me divierte
me la tomo a la ligera.

Algún día me hallaré
rindiendo todas mis cuentas,
porque no estarán exentas
las maldades que me sé,
y al Señor diré pequé
con señoras suculentas.

Cuando llegue ese momento
cumpliré cualquiera pena
y aceptaré mi condena
sin ningún remordimiento,
y no más diré lo siento
no probar cosa tan buena.

José María Valderrama 19/04/2025.

Por miedo al plagio

Se me pasan las mejores
por esa, mi antipatía,
de vestir la luz del día
con lo mejor de mis flores.

No aprovecho el sentimiento,
estando el poema escrito,
pues lo escondo y me repito
no ser lugar ni momento.

Sin tenerlo registrado
pienso en un posible robo,
demostrando ser un bobo
de los de mucho cuidado.

Así todo va a destiempo
y mis versos no les llegan
a los que nunca se niegan
a leer sin contratiempo.

¿Qué más da si lo difundo
ese verso que te digo
y lo comparto contigo,
es decir, con todo el mundo?

Lo que pudiera ocurrir
no tiene más importancia
y es que a veces la arrogancia
no te deja discernir.

Si no me vale el instante
que parece ser el propio,
ese verso me lo apropio
y se quedará distante.

Demuestro ser incapaz
despreciando la ocasión
en que llega al corazón
de la forma más audaz.

Esos versos deben ser
puestos al día de inmediato
para no perder ni el rato
de verlos languidecer.

Pero no, yo me los quedo
hasta ver cómo se editan,
así que no se recitan
por lo mucho que me excedo.

Siempre ese miedo latente
de que me roben ideas
y así no dejo que leas
lo escrito recientemente.

Como me guardo ese texto
a su momento oportuno,
lo que antaño fui de tuno
ya está fuera de contexto.

No impacta del mismo modo
que en el momento real,
cuando el verso es tan cabal
que en dos líneas dice todo.

Aquel poema se murió
cuando lo dejé esperar,
siendo luego mi pesar,
¡cómo no se me ocurrió!

Pero lo que está mal hecho
ya no tiene componenda
y es preciso que lo aprenda
y que me lo tome a pecho.

El verso tiene un destino
que no debe retrasarse
por el miedo de quedarse
sin el verso por cretino.

No debo esperar al libro
para dárselo al gentío,
ya que a veces por tardío
no lo hago vibrar ni vibro.

Si lo plagian, mala suerte,
y a escribir otro de nuevo
pues todo tiene un relevo,
de no ser la puta muerte.

José María Valderrama 25/04/2025.

Válgame

Valga mi palabra escrita
para decirte en silencio
que a la vez que te presencio
mi cuerpo te necesita.

Valga mi poema errante
para seguirte diciendo
que con mirarte me enciendo
y te quiero como amante.

Valga mi verso ambicioso
para expresar a mi modo
que de ti lo quiero todo
de lo que tienes hermoso.

Valga mi mal pensamiento
para dejártelo impreso
que me quiero sentir preso
en la cárcel de tu aliento.

Valga mi dulce escritura
para implorarte, serrana,
que pongas tu santa gana
al trote de mi ternura.

Valga mi terco tesón
para escribir emociones
que te claven mis pasiones
en mitad del corazón.

Válgame lo que te digo
para cumplir mi destino,
que es cruzarme en tu camino
hasta que sueñes conmigo.

José María Valderrama 10/05/2025.

Cosita mía

Si tú me dejaras
yo te bebería
hasta que apagaras
la sed que tenía.

Si no pones trabas
a lo que yo siento
con ver que te dabas
te como el aliento.

Si luego te tomo
del modo que quiero,
te bebo y te como
todo el cuerpo entero.

Si tras del esfuerzo
mi gana se acuesta
es porque el almuerzo
merece su siesta.

Si tú me dejaras
¡ay, cosita mía!,
ya no te alejaras
de mi compañía.

José María Valderrama 15/05/2025.

Como una flor

Me gustan las rosas
de la primavera,
porque son hermosas
y tú la primera.

Me llena el arrullo
que deja tu amor,
cuando de capullo
se convierte en flor.

Me quedo el ornato
que dan los jardines
y tú eres retrato
de lirio y jazmines.

Me place el florido
olor de maceta
y su colorido,
que en ti se concreta.

Me puede el perfume
de los arriates
que en ti se resume,
aunque te recates.

Me riman las flores
que nacen del rayo
de lindos olores,
y tú eres de mayo.

Me arroba el aroma
de una flor sin tara,
que se policroma
en toda tu cara.

Me encanta lo linda
que es naturaleza
y tú eres la guinda
de tanta belleza.

José María Valderrama 25/05/2025.

Con cautela

No guardo rencores
ni maldades tengo
dentro de mis flores,
aunque te prevengo.

Si un alfilerazo
me causa un dolor,
un crudo puyazo
me mata esa flor.

Desecho la broza,
pero nunca olvido
al perro que goza
haberme mordido.

Me suelo quedar
con las simpatías
sin desagradar
las palabras mías.

Pero el corazón,
ajeno a la mente,
pierde su ilusión
con alguna gente.

Respeto su ausencia,
pero no me gusta
el que me evidencia
de hombría la justa.

Todo el que me duele
me deja una huella
que hace que recele
de persona aquella.

El que te hace alguna
suele repetir
con buena fortuna
su gana de herir.

Por eso me pongo
a la defensiva
y no predispongo
la definitiva.

Con buenos modales
le paro los pies
a quien da puñales
allí donde estés.

Como bien lo digo
no es de rencoroso
medir al amigo
de un modo juicioso.

Existen personas
que solo las tratas
jamás les perdonas
ser de las baratas.

Prefiero alejarme
de todo cristal
antes que rajarme
y sentirme mal.

No estrecho la diestra
y guardo distancia
a quien me demuestra
su poca importancia.

José María Valderrama 30/05/2025.

«Desecho la broza,

pero nunca olvido

al perro que goza

haberme mordido.»

Puede

Puede que alguno respete
mucho más que te respeto,
ser bastante más discreto
y que por jamás te inquiete.

Puede que alguno te mire
de una forma más pausada
y que no te diga nada,
a pesar de que suspire.

Puede que alguno te sea
elenco de educación,
con tan buena su intención
que siquiera te tutea.

Puede que alguno se asuste
solo pronunciar tu nombre
y pudiera ser un hombre
como a nadie le disguste.

Puede que alguno resista
verte en forma lujuriosa,
como si fueras la rosa
que nubla su pobre vista.

Puede que alguno no sepa
beber de ese vino tuyo
y eso no lo sé, lo intuyo
por ser de tan buena cepa.

Puede que alguno se ponga
de un color rojo granate,
ni tan siquiera te trate
o por miedo te posponga.

Puede que alguno te fuera
un reloj de puntual
y que no le diera igual
hacerte larga la espera.

Puede que alguno se incline
y te deje libre el paso
para ver si le haces caso
con ese ademán de cine.

Puede que alguno supere
la excelencia en sus modales
y con gracias naturales
contigo jamás se altere.

Puede que alguno te vaya
y que te quite el sentido,
por no ser un atrevido
que se pasa de la raya.

Puede que alguno destaque
con su cara bien bonita
y una cultura exquisita,
lucida sin un achaque.

Puede que alguno cualquier
te trate con importancia
dándote la relevancia
que merece una mujer.

Puede que alguno más sabio
te disloque a solo hablar
por promesas de un altar
en la punta de su labio.

Puede que alguno rebase
mis virtudes y defectos
con detalles tan perfectos
que demuestren tener clase.

Puede que alguien con dinero
te dé todo en un minuto,
aunque nunca en absoluto
lo mucho que yo te quiero.

José María Valderrama 01/06/2025.

Tu apatía

Quiero llamar a tu puerta
pero me quito intenciones
por si acaso
me dices que no está abierta,
como en otras ocasiones
que fracaso.

Puerta de tu corazón,
que bien sabe de entresijos
amorosos.
Puerta de una vocación
que me impide regocijos
tan preciosos.

Por eso llamar no quiero
y me aguanto la insistencia,
que me apremia,
por no ser filibustero
que saquea una clemencia
tan abstemia.

Ese corazón guardado
por desprecios con cureñas
y grilletes,
deberá ser conquistado
con sextinas manriqueñas
como arietes.

Tan forjada en mil batallas
de besos y de caricias
y más cosas,
sin más pena me avasallas
y me niegas las delicias
de tus rosas.

Lo dejo a tu propio juicio
que me ofrezcas de tus flores
lo que quieras,
ya que no pido por vicio,
sino por razón de amores
que lideras.

Mi querencia me propone
que te quiera a toda hora
y minutos,
mas la realidad dispone
que me des trozos de ahora
diminutos.

No me niegues nunca nada
del querer que te suplico
noche y día,
porque es una canallada
y a saber si bien me explico
tu apatía.

José María Valderrama 06/06/2025.

Quiero llamar a tu puerta
pero me quito intenciones
por si acaso
me dices que no está abierta,
como en otras ocasiones
que fracaso.

Puerta de tu corazón,
que bien sabe de entresijos
amorosos.
Puerta de una vocación
que me impide regocijos
tan preciosos.

Es mi mano

Al día de la fecha
del mes octavo,
de mi mano derecha
me siento esclavo.
Es la que escribe
todo lo que mi mente
sueña o percibe.

Sentado en una silla
vulgar, de enea,
esa mano me pilla
cualquier idea.
Un pensamiento
que roba sin que tenga
consentimiento.

Como vivo pensando
en tu persona
no sé cómo ni cuándo
no te perdona.
Y deja escrito
cosas que no debiera,
te lo repito.

Mira que me reservo
tus curvaturas.
Mira que no la enervo
con tus linduras.
Pero esa mano
se sabe de memoria
lo más mundano.

Empezando de arriba,
de la cabeza
no sé cómo conciba
tanta fineza.
Pues siempre atina
cada vez que redacta
cosa tan fina.

Dejo en blanco la mente
para que entienda
su deber de prudente
sin que se encienda.
Porque encendida
no me atiende a razones
ni es precavida.

A pesar de quedarme
sin mis pensares
sabe bien perfilarme,
gozando a mares.
Y escribe sola
sin que nadie le mande
decir ni hola.

Siendo desvergonzada
la susodicha
no se queda callada
ninguna dicha.
Y un disparate
lo trascribe por mucho
que me delate.

Como pueda apreciarse
mi mano diestra
es para avergonzarse.
Sirva de muestra
lo relatado
y alguno que otro asunto
que me he callado.

Tiene culpa ninguna
mi raciocinio,
sino esa mano tuna
sin vaticinio.
Pues nunca sé
lo que puede escribir
o escribiré.

No te puedo pensar
ni un solo instante,
pues se pone a anotar
la muy tunante.
Y en cada nota
me deja la vergüenza
en bancarrota.

Esta mano sin tedio
sube a niveles
que es mejor que por medio
no haya papeles.
Pues no se aburre
de copiar lo que pienso
o te susurre.

Yo no soy el culpable,
solo el testigo
de esa tan miserable
mano que digo.
Es tan chismosa
que sucumbe al encanto
de cualquier rosa.

José María Valderrama 24/08/2024.

Sentado en una silla
vulgar, de enea,
esa mano me pilla
cualquier idea.
Un pensamiento
que roba sin que tenga
consentimiento.

Como vivo pensando
en tu persona
no sé cómo ni cuándo
no te perdona.
Y deja escrito
cosas que no debiera,
te lo repito.

El bofetón

Cada vez que te me mueves
con tu forma de moverte
el cuerpo me lo conmueves
y mi mente se pervierte.

Y es que son tus movimientos
de tono tan insinuante
que mis turbios pensamientos
siempre dicen ¡adelante!

Tengo casi por seguro
de que en cada posturita
me pones en más apuro
que si fueras dinamita.

Lo que nunca te habrán dicho
es que te muevas o no
me pareces un capricho
al que no renuncio yo.

No te espante si algún día
en que estés más distendida
se me va la mano mía
de una forma distraída.

Mientras te sigas moviendo
de la forma en que lo haces
a mí se me irán poniendo
los descaros más capaces.

La culpa no he de tener
y quizás que tú tampoco.
Sí tu forma de mover,
que me está volviendo loco.

No será tampoco tanto
si por un buen apretón
mi rostro te dice cuánto
se merece un bofetón.

Sirvan mis lamentaciones
para dejarme bien claro
que las malas tentaciones
al final lo pagan caro.

José María Valderrama 25/06/2025.

Violencia machista

Veo que no se termina
la violencia del «machote»,
que me toca de rebote
cada día que asesina.

Por esa mi condición
de ser de su misma especie
hace que yo lo desprecie,
sin sentirme ni varón.

Quien maltrata una mujer
por cualquier desavenencia
o no le queda conciencia
o no la llegó a tener.

Una relación se acaba
por falta de entendimiento
y basta decir lo siento
para que no exista traba.

Hay que ser mala gente
para quitarle la vida
a la hembra que te cuida
o te cuidó dulcemente.

La relación de pareja
no viene a consolidar
tu derecho de matar
a la flor que se te aleja.

Ella tendrá sus motivos
para no vivir contigo,
sin que merezca el castigo
de faltar entre los vivos.

El esquema se repite
casi que en todos los casos
en que los primeros pasos
dan lugar a ese desquite.

El amor nunca se impone
porque es dado a voluntad,
siempre en reciprocidad,
con lo que ello presupone.

No demuestra valentía,
sino un gesto bochornoso
quien empieza con acoso
por razones de su hombría.

Ser hombre no se demuestra
siendo ese maltratador
que deshoja cualquier flor
de una forma tan siniestra.

No me quiero distinguir
pero digo hablando en plata
que el truhan que a hierro mata
a hierro debe morir.

Si no se aplica un suplicio
que resulte bien sonado,
casi sale regalado
tal delito y tal desquicio.

Me siento vergüenza ajena
por parecerme a quien es
más que un hombre, una hiena
que se viste por los pies.

José María Valderrama 25/06/2025.

«Quien maltrata una mujer
por cualquier desavenencia
o no le queda conciencia
o no la llegó a tener.»

«La relación de pareja
no viene a consolidar
tu derecho de matar
a la flor que se te aleja.»

El velatorio

Con toda tristeza fui
al velorio de aquel hombre
del que me callo su nombre
por ser conocido aquí.

Tras de dar mi condolencia
a los parientes cercanos
tomo asiento entre fulanos
sin ninguna preferencia.

Quien tenía a la derecha
despotrica sobre el clima,
de una lluvia que escatima
porvenir a su cosecha.

Un poco más alejado
otro alguien se refería
al partido de aquel día
en que Messi fue expulsado.

Prestando interés lo justo
a conversación ajena
el de la izquierda se estrena
con un chiste de mal gusto.

Bastante apenado, mucho,
y cara de circunstancia
me resulta malsonancia
la conversación que escucho.

Por ello que me levanto
para distanciarme un poco
de aquella reunión o foco
que me está enojando tanto.

Sin mostrar mi descontento
me arrimo a otras veladoras
que parecen más señoras
y tener más sentimiento.

Cambio pronto de ademanes
y de un juicio precavido
al saber que han discutido
por «Pasión de Gavilanes».

Resumiendo este jolgorio,
que con todo el que me junto
nadie alude al buen difunto,
siquiera en su velatorio.

Puede parecer de guasa
lo que aquí digo y concreto,
aunque al hecho me sujeto
por ser el hecho que pasa.

Así lo afirmo por cierto
y lo aplico a rajatabla
que en un funeral se habla
de todo menos del muerto.

José María Valderrama 27/06/2025.

Con toda tristeza fui
al velorio de aquel hombre
del que me callo su nombre
por ser conocido aquí.

Tras de dar mi condolencia
a los parientes cercanos
tomo asiento entre fulanos
sin ninguna preferencia.

Esta primera edición de #*Versos de cristal*
de José María Valderrama,
terminó de maquetarse con mucha paciencia y amor,
poco antes de imprimirse,
en octubre de dos mil veinticinco.